対話で学ぶ
経済学「超」入門

Haruo Ishibashi

石橋 春男 著

INTRODUCTION TO ECONOMICS

税務経理協会

は し が き

　経済学は，意外と面白く，楽しく，わくわくする学問です。経済学を通して学ぶ感動・知る喜びを味わっていただきたい。そこから，自然と日本の経済や世界の経済が見えてきます。

　本書は，既存の経済書とは異なる以下のような特徴を備えています。

　第一に，本書では，対話形式で議論が進行します。いまや学生に限らず，社会人にとってもコミュニケーション能力が求められている時代です。「そのとき」どんな問いかけをしたらよいのか，問いかけに即答するにはどうしたらよいのか，その訓練にもなります。

　とくに，学生が先生に質問をためらうのではないかと推測されるものを想定して，質問の内容も吟味しています。

　第二に，経済学を楽しんでほしい。「経済学は難しい」，「経済学には数学が必要らしい」，さらに「経済学は役に立たない」など，確かに経済学の評判はあまり良くはなかったかもしれません。

　だが，その心配はご無用です。本書を読み終えてみると，多くの方々が抱くこうした不安を一掃し，「経済学は興味深いものだ」，「経済学には数学はいらないよ」，「経済学を知って得をしたよ」などと経済学への考え方が一変するでしょう。

　第三に，本書は入門の入門書です。しかし，内容は豊富です。マクロ経済学から社会全体の仕組みを学び，財政政策から政府と，金融政策から日本銀行と，民間経済の関係を捉えます。さらに，為替相場の学習から，急速にグローバル化している世界経済を探ります。

最後に，なぜわれわれは経済学を学ぶのでしょうか。その質問には，吉田松陰や渋沢栄一が答えてくれるでしょう。

　吉田松蔭の学問の原点は，ホスピタリティと知行合一です。ホスピタリティとは，他人への思いやりです。また，知行合一とは，得た知識は知恵に変え社会に還元するということです。つまり，われわれが学んだ成果は，世のため人のために社会に還元することです[1]。

　渋沢栄一は，『論語と算盤』の著者でもあります。論語は道徳，算盤はビジネスと考えて良いでしょう。渋沢の理念は道徳経済合一です。ビジネスに心を奪われ，他人に気遣いできなければ，ビジネスの成功はあり得ません。ビジネス以前に他人への気遣いが大事なのです。

　本書の原稿がほぼ出そろったときに，信頼できる証券アナリストである橋口宏行氏に原稿全体のチェックをお願いしました。橋口氏は，大東文化大学や松蔭大学で金融関連の講座を担当され，学生の信頼も厚い。本書が曲がりなりにもお役に立つものになっていたとしたら，橋口氏のお陰である。しかし，記述の誤りがあれば，言うまでもなく筆者の責任である。

　最後になるが，これまで税務経理協会にお世話になり，何冊かの経済書を出版させていただいた。その都度お世話になった加藤勝彦氏から，今回も経済書の出版のお話をいただいた。加藤氏の献身的な編集作業がなかったら，本書は世に出ることはなかったであろう。

　2019年12月

　　　　　　　　　　　　　　　　　　　　　　　　　石橋　春男

---

[1]　福澤諭吉は，*Economy* を経世済民（世を経（おさ）め，民を済（すく）う）と翻訳し，そこから経済という言葉が生まれたようです。

目　　次

1

序　章　経済学へのいざない

学生　いまこそ，マクロ経済学に挑戦してみたいと思っています。

教授　なぜですか。

学生　マクロ経済学は，生活や仕事に役に立ちそうだからです。

　ドル円相場を変動させているものは何か，毎日の株価を動かしているものは何か，マイナス金利でわれわれの生活はどうなるか，こうしたことに大いに興味があります。テレビを見たり，新聞を読んだりしているときに，そのニュースの内容が理解できるほど人生で楽しいことはないでしょう。

教授　それはいい心がけですね。ケインズの先生はマーシャルです。弟子のケインズにどんな指導をしたと思いますか。

学生　アダムスミスの『国富論』を徹底的に読みなさいとか言ったわけですか。

教授　マーシャルは，「私の『経済学原理』を熟読しなさい。それから，毎日の新聞に目を通しなさい」とケインズを指導したようです。

　ここで，重要なことは，経済学の基本書を読みこなすことが経済現象の理解に必要だということです。

　さらに，毎日の政治・経済ニュースに関心を持つことができれば鬼に金棒ということです。

学生　経済ニュースは，普段の生活にも貴重な情報であるし，内外の動きを正確に掴むのに必須のアイテムですよね。それに加えて，経済学の基本を身に付けることも必要であると教えたわけですね。

教授 経済の専門新聞がありますよね。

学生 「日本経済新聞」でしょう。父親が毎朝読んでいますから，大学が休みの時にはそれなりに読んでいます。

教授 「大機小機」などを毎日読みますと，理論と現実のマッチングが掴めますので，お奨めです。

学生 経済学への取り組み姿勢は大方理解しました。

　そこで，これからどのような内容のことを先生がお話ししてくれるのか，その大枠を説明していただけますか。

🔲　マクロ経済は５つの部門からなる

教授 マクロ経済学は，家計，企業，政府，貿易と金融の働きを学習することが目的なのです。

　消費者（→家計）は，企業で働き所得を得ます（→企業）。

　その所得で国内企業の生産する商品を買い，外国から輸入された商品も買います（→貿易）。

　家計が得た所得から，所得税を政府に納税します（→政府）。

　所得から所得税を引き，消費を引きますと，その差額は貯蓄となります。

　貯蓄は銀行預金になったり，債券に投資されたりします（→金融）。

学生 家計は，企業，政府，金融，貿易の各部門との関係で生計が成り立つということですね。

　これらの５部門を全体として考える学習をこれから始めるということですか。

教授 しかも，５部門のそれぞれの相互依存関係，相互依存の仕組み，それらの経済的な影響を明らかにしていくことがわれわれの目的なのです。

　そこで，これからは，家計は消費，企業は投資，政府は政府支出（歳出）と政府収入（歳入），貿易は輸出・輸入，さらに金融は日本銀行と民間銀行をポ

イントにおいて経済社会の経済現象と経済政策について明らかにしていきます。

📖　マクロ経済学の中心に何がある？

教授　「経済の中心が*GDP*（国内総生産）」です。*GDP*を動かす変数が消費，投資，政府支出，輸出と輸入です。

学生　経済の中心が*GDP*では，経済の幹は生産ということですね。

教授　そうです。

　われわれが豊かに暮らせているのは，モノが作られ，それが国内で販売され，海外に輸出されているからです。モノが作れる国は豊かなのです。

　ここでは，モノ作りを後押しする消費，投資，政府支出と輸出と輸入をエンジンにたとえています。

　実際には，これらのエンジンの出力は，おおよそ消費（6）：投資（2）：政府支出（1）：輸出・輸入（1）ですね。

　それぞれのエンジンの出力が上がりますと，モノ作りは盛んになり，経済は大きく前進します。

学生　エンジンをスムースに動かすにはオイルが必要ですよね。

教授　エンジンオイルがお金です。お金がうまく循環しますと，エンジンも好調になります。

　オイルを調整する日本銀行の仕事は大変だと思いますが，オイルの調整に失敗すれば，エンジントラブルが起きます。

学生　それが，インフレとかデフレだとか，失業問題とかにつながるわけですね。

📖　マクロ経済学を学習するインセンティブ（動機）は何か

学生　マクロ経済学が突き進む先にあるものは何ですか。

教授 混沌とした経済の世界を凝縮したものは，インフレと失業でしょうね。

　人類を谷底に落としてきた悪魔は，インフレと失業なのです。これらが戦争を勃発させる原因になり，貧困や犯罪を生む原因になっているのです。われわれにとっての敵は，インフレと失業なのです。

　経済学者の多くが，貧困や格差を解消することが経済学研究の動機になったといいます。

　そこで，インフレと失業を同時に解決できるのか，同時解決は不可能なのか，という問題になります。

　もちろん，次世代のためにも不可能なままで終わりたくないですよね。

　われわれが目標にするのは，インフレと失業の同時解決を可能にする道を探し求めることです。

　終章にたどり着きますと，おそらくあなたが探し求めている最大多数の最大幸福をもたらす経済が見えてきます。

第*1*章　マクロから見た経済

【本章のねらい】

　マクロ経済はどのような仕組みになっているのか，まずは，この点から
考えていきます。そこで，マクロ経済を動かしている4つのエンジンにつ
いて学習していきます。この4つのエンジンを理解しますと，マクロ経済
の仕組みが分かります。

§1　マクロを学ぼう

学生　マクロ経済学とは，どんな学問なのですか。

教授　鷹が，天空から地上を見渡すと，地上にはどんな獲物がいるか発見でき
ます。われわれも経済の動きを鷹の目で見ることができれば，ヒト・モノ・カ
ネの動きが生き生きと捉えられるでしょう。このように一国の経済全体を鳥の
目で見る経済学，それがマクロ経済学です。

学生　誰がマクロ経済学を考えたのですか。

教授　マクロ経済学は，ケインズが生みの親です。ケインズは，20世紀最大の
経済学者と言われています。ケインズの登場によって，経済学は様変わりしま
す。

　ケインズは，ケンブリッジ大学でマーシャルやピグー[2]から指導を受けまし

---

(2)　アーサー・セシル・ピグー（1877–1959）は，31歳でケンブリッジ大学教授となり
ます。主著は『厚生経済学』（1920）です。

た。

　ここで，ピグーとケインズの会話に耳を傾けてみましょう。

【ピグーとケインズとの会話】

ケインズ　先生，大恐慌の原因はなんですか。

ピグー先生　労働者が高い賃金を要求しているために，企業が労働者を減らしているのです。だから，失業者が増えているのです。

　これを解決するには，賃金率を下げるしかないのです。

ケインズ　先生，それはおかしいのではないですか。賃金を下げれば，労働者の収入は減ってしまいます。労働者の収入が減れば，労働者の消費（需要）が減少しますから，企業の生産が減少します。かえって，失業者が増えると思います。

ピグー先生　ケインズ君，君の考え方の方がおかしいのでは。

　企業が労働者に支払う賃金は，企業の生産コストだよ。生産コストが下がれば製品の価格が下がります。製品の価格が下がれば，買い手が増えますから，企業は生産を増やすために労働者を増やします。よって，失業者が減るのです。

教授　ピグーの考えは，個々の企業の視点からミクロ的に賃金と失業の関係を見ています。ケインズは，経済全体としてみれば，賃金を下げると社会全体の需要を減らすから，失業者が増えるとマクロ的に考えています。

学生　ピグー先生と弟子のケインズさんの対話，スッキリ説明してもらえますか。

教授　こういうことです。

　ピグーのように，一つの企業（ミクロ）から見れば正しい考えも，社会全体

（マクロ）で考えると正しいとは言えないということです。このことを合成の
誤謬（ごびゅう）といいます。

学生　合成の誤謬を分かりやすい例でお願いします。

教授　それぞれの家で貯蓄を増やしたらどうなるでしょう。

学生　どの家も豊かになるでしょうね。

教授　ところが，社会全体でみれば，貯蓄が増えるということは，消費が減る
ということです。消費の少ない社会は豊かであるとは言えないでしょうね。

リディア・ロポコワ
（1883 – 1946）

ジョン・メイナード・ケインズ（1883 – 1946）

　ケインズは，経済学者だけにとどまらず，ケン
ブリッジ大学の会計官，大蔵省の役人，保険会社
の経営者，雑誌の編集者，雑誌出版社の経営者，
経済ジャーナリストなどの多くの仕事を長年にわ
たってこなしてきました。
　ケインズは妻リディアのために芸術劇場を造り
ます。また，リディアの上演するバレーを通じて
も社会貢献しています。

§2　ケインズのエンジンとは

　ケインズ[3]は，1936年に『雇用，利子，および貨幣の一般理論』（以下では，
『一般理論』）を出版します。そこで，経済は有効需要がエンジンになっている
ことを明らかにしました。そのエンジンとは，消費，投資，政府支出と輸出です。

(3)　ケインズ政策の原点は，ハーベイロードの前提です。ハーベイロードとは，ケイン
　　ズの住居があった道りの名前ですが，その通りには当時のイギリスのエリートがたく
　　さん住んでいました。ケインズを含めたエリート達によって，イギリスの経済政策が
　　立案され，実行に移されていったようです。

学生　消費，投資，政府支出と輸出について，簡単に説明してください。

教授　消費とは，消費者がパンや洋服，ゲームソフトを買ったり，保険に入ったりすることです。

　投資とは，消費者が住宅を新築したり，企業が原材料や機械を買ったり，ロボットを買ったりすることです。

　政府支出とは，政府が公務員に給与を払ったり，道路を造ったりすることです。

　さらに，輸出とは国内で生産した製品を海外に販売することです。

　これらの４つのエンジンによって，マクロ経済が動き出すのです。

　個人がパンを買い，企業が機械を買い，政府が道路を造る。さらに，外国には車を売る。

　これで，マクロ経済のエンジンがかかります。

学生　マクロ経済を直進させるか，右折させるか，そのハンドルさばきはどうすればいいのですか。さらに，４つのエンジンは，故障はしないのですか。万が一にも，１つのエンジンも壊れることはないのですか。

教授　これから，それらの質問に答えながら，マクロ経済学の勉強をしていきます。

学生　今朝，昼食用のおにぎりをコンビニで買ったのですが，これを消費というのですか。

教授　もちろんだよ。日本国民の１年間の消費額はどれぐらいだと思いますか。

学生　見当もつきません。100兆円ぐらいですか。

教授　その３倍ですよ。2018年で300兆円ぐらいですね。

　日本国民の１年間の消費額を人口で割ると，一人当りの年間消費額は236万

円，１日当たり6,500円ぐらいですね。

学生　日本人の１年間の消費額は300兆円とは驚きました。

教授　人は誰でも消費者で，飲んだり，食べたりしない日はない。だから，１億2,600万人（2019）の消費額は莫大なのです。

　消費者の買い控えなどが起これば，消費のエンジンパワーが下がってしまって，経済はガタガタになってしまうのですよ。

　10％消費が減れば，30兆円ですから，年間売上100億円の消費財[4]を生産している大企業が3,000社ぐらい倒産するということです。

学生　そうなんですか。経済を動かしている最も基本的なものは「消費」なんですね。

　若者のスキー離れが進んでいます。スキー場に足を運ぶ人が減っていますね。だから，スキー場のリゾートマンションが売れなくなっているのか。

　データが分かると，経済も興味が湧いてきますね。日本経済のイメージが湧くようなデータを少し教えてもらえますか。

教授　2012年12月から2019年１月までの６年２か月間，戦後最長の景気の良い状態が続いています。そこで，2012年12月と2019年１月のマクロデータを見てみましょう。

	2012年12月	2019年１月
企業業績	12兆7,000億円（12年度第４四半期）	18兆2,000億円（18年度第３四半期）
GDP（国内総生産）	498兆円（12年度第４四半期）	532兆円（18年度第３四半期）
日経平均株価	9,458円（12月３日の終値）	20,0773円（１月31日の終値）
国債残高	705兆円（12年度末）	883兆円（18年度末の見込）
完全失業率	4.3％（12年７月）	2.4％（18年12月）

---

[4]　消費財は，食料のように一度の使用で消費されてしまう非耐久消費財と自動車のように繰り返し使用される耐久消費財に分けられます。

9

表を理解するのは，今のところ難しいかもしれませんが，追々分かってきます。

　これからの説明は，この表がいとも簡単に理解できるようになることが目標になります。

学生　上の表の中に「四半期」なる用語が出ていますが，これを説明してください。

教授　1年を4つに区切ります。その前に，1月1日から12月31までを1年間とするものを暦年（*calendar year*）といいます。この方法だと，1月から3月までが第1四半期，4月から6月までが第2四半期，7月から9月までが第3四半期，そして10月から12月までが第4四半期です。

　もう一つは，役所や学校などに合わせて，4月から6月までが第1四半期，7月から9月までが第2四半期，そして10月から12月までが第3四半期，さらに翌年の1月から3月までが第4四半期です。こちらは，財政年度（*fiscal year*）[5]と呼ばれます。

§ 3　有効需要の原理

　マクロ経済学の大前提は，需要が供給を決めるということです。つまり，需要が増えれば供給が増えます。需要とは，財やサービスを買うこと，供給とは財やサービスを生産し，販売することです。簡単に言えば，「買い手がいるから企業はモノを造る。」

　自動車の買い手（需要）が増えると，トヨタや日産は生産台数（供給）を増やします。この考え方を有効需要の原理と呼びます。

---

(5)　アメリカの財政年度は，10月1日から翌年の9月30日までです。

学生　私の町のパン屋さん，カレーパンがとにかく美味しいんですよね。

　あのショッピングモールの中にあるパン屋さんのことです。

教授　確かに，そのパン屋さんの周りは人だかりです。

　パン屋さんもお客さんの要望（需要）に応えるために，朝早くからたくさんのパンを焼いているそうです（供給）。それでも，午前中で「完売」のようです。

学生　評判のパン屋さんは，これからどうするのですか。

教授　パン屋さんは，もっとカレーパンを作って売るために小麦粉，野菜や肉など，パンとカレーを作る材料の注文を増やすことになります。注文を受けた農家も野菜や小麦の作付けを増やします。こうして，カレーパンを作るための原材料（中間生産物）(6)の生産も増えます。

　さらに，これまで以上に，カレーパンを作って売るには，パン屋さんで働いてもらう人を増やさなければならない（雇用の増加）でしょうね。

学生　農家にもビジネスチャンスの到来ということですか。

教授　農家も小麦や野菜を栽培する人を増やさなければならないでしょう。

　ここでも，雇用が増加します。

学生　「たかがカレーパン，されどカレーパン！」ですか。

教授　カレーパンの買い手が増える（有効需要が増える）と，パン屋さんはたくさんパンを焼いて売る（供給が増える），パン屋さんで働く人も増える（雇用が増える）のです。

学生　つまり，有効需要が増えると，雇用が増えるということですね。

教授　そうです，有効需要が増えると，生産が増え，雇用が増えて，失業者が

---

(6)　自動車が最終生産物の場合には，ハンドルやブレーキなどの部品が中間生産物です。

減るということです。繰り返しますが，これがケインズの有効需要の原理です。

学生　それなら，失業者がたくさんいるならば，生産を増やせばいい，生産を増やすには有効需要を増やせばいいということですか。

教授　ケインズは，経済を動かすエンジンは，一にも二にも有効需要だ，と考えたわけです。

　ケインズは，1929年10月24日にニューヨークの株式市場で株価が大暴落したことが切っ掛けとなって起った世界大恐慌の怖さを経験したのです。仕事がなく町をさ迷う労働者を1日も早く救いたい。その難題を解くカギが有効需要の原理であったのです。

学生　ところで，需要と有効需要の違いって，なんですか。

教授　需要というのは，一言でいえば「欲しい」ということですが，購入するためのお金が準備されている保証はないのです。

　これに対して，有効需要というのは，「お金を持っていて，いつでもモノを手に入れることができる」ということです。

　住宅投資[7]も有効需要です。住宅ローンの契約をしていて，新築の計画をしていれば有効需要です。ところが，なんとなく新しい家が欲しいという場合は，有効需要でなく需要です。

学生　政府の公共事業（道路や橋を造る事業）も有効需要ですか。

教授　そのとおりです。国会で審議して予算が成立すれば，道路を造ったり，橋を架けたりできますよ。そのとき，道路や橋の建設予算は確保してあるわけです。

　「大きな政府」という言葉があります。大きな政府とは，政府が公共事業な

---

(7)　住まいのための建物を新築することや増築・改築することを住宅投資といいます。

どに，口もカネも出し，政府の経済活動の領域や規模を拡大させることです。

　「政府は公共事業などの有効需要を増加させ，景気回復への大きな役割を果たすことができる」。これが，ケインズが一貫して主張していたことです。

学生　大きな政府に対して，小さな政府もありますね。

　アダムスミス[8]を始め，いわゆる古典派の経済学者は，政府の市場への介入を最小限に抑えることが，市場メカニズムがうまく機能するために必要であると論じています。

教授　市場では「神の見えざる手」が働き，政府がおせっかいしなくても，市場がその役割を果たすという考えです。

§4　失業の経済学

　ケインズの経済学は，失業の経済学であるといわれています。

　ケインズが，『一般理論』を書いたのは，失業者救済の処方箋を示すことが目的でした。『一般理論』でケインズが言いたかったことは，雇用を増やすためにはどうしたらいいのか，雇用を増やすための手段がどのようなプロセスを通じて，経済全体に波及していくのか，そのメカニズムを明らかにすることでした。

学生　経済政策の目標は，雇用を増やし失業率を下げることである，これがケインズの考えですね。

教授　そうです。ケインズが『一般理論』を書くきっかけになったのは，1929

---

(8) アダム・スミス（1723-1790）は，グラスゴー大学卒業後，オックスフォード大学に進学するが，都会の生活に馴染めず大学を中退します。大学中退の5年後，グラスゴー大学教授になります。1776年に，『国富論』を出版すると，たちまち『国富論』はベストセラーとなり，スミスは時の人になります。

年に起こった世界大恐慌です。アメリカでは，４人に１人が職を失いました。ドイツでは，なんと５人のうちの２人に仕事がありませんでした。

学生　仕事がなくなれば，本人だけでなく家族も路頭に迷いますよ。

教授　この時，ケインズはどう考えたと思いますか。

「とにかく，仕事を増やすことが先決だ！」

「そのためには，公共事業をすれば仕事が増える，そう提言しよう。」

道路を造るには，ヒトが，機械が，燃料が，材料が，工具が必要になります。

人を使えば賃金を払う。労働者は受け取った賃金でパンを食べたりワインを飲んだりします。そうすると，パンは売れるし，ワインも売れます。そのため，小麦粉も売れるし，ワインの原料のブドウも売れます。

こうして，関連業界で扱う商品の有効需要と売上高が増えていきます。

学生　風が吹けば，桶屋が儲かるという発想ですか。

教授　まあ，それに近い考えだね。ケインズの周りには若い経済学者が集まり，勉強会を開いて互いに切磋琢磨しました。その勉強会はケインズ・サーカスと呼ばれていました。

ケインズ・サーカスに，リチャード・カーンという若い経済学者がいました。

彼は，ある時，投資をすると，投じた資金の何倍かの所得を経済全体で生み出すという主旨の論文を発表します。

ケインズはカーンの論文(9)に興味を示しました。そして，カーンの論文がきっかけになり，ケインズの構想していた有効需要の原理が具体的にイメージ化されることになりました。

たとえば，10億円の公共事業が，20億円の所得を経済全体に生み出すかもし

---

(9)　「国内投資と失業との関係」(1931)。この論文によって乗数の教え方が初めて示されます。

14

れない。最初の投資額10億円が，最終的には20億円や30億円の所得増加になるかもしれない。

🗩　マクロの世界は単発では終わらない

公共事業で道路を造る→賃金が支払われる→パンが売れる→小麦粉が売れる……というように経済の隅々までヒトやモノやカネへの波及効果が現れます。その結果，経済全体に最初の投資の何倍かの所得が生み出される。その大きさを乗数(10)という。

学生　この乗数の考え方が，ケインズ理論の第二のポイントですね。

教授　アメリカは，不況のどん底に落とされました。何とかこの地の底から這いあがろうと悪戦苦闘した大統領がルーズベルトです。

ルーズベルト大統領があえて挑戦したのが，大規模な公共事業によってアメリカの国難を救う策でした。この策はニューディール政策（ディールとは，トランプのカードのことですから，ニューディールとは新たなカードを切るという意味でしょう）と呼ばれ，経済の回復に貢献することが期待されました。その魔法の一手が，乗数の作用であったと言えます。ケインズは訪米の折，ルーズベルトに直接会って大統領の英断を称賛したようです。

学生　これまでの先生の説明のポイントは，以下のようでいいですか。

政府が行った公共事業がさまざまな分野に波及して，想定以上の経済効果を挙げることになる。不況の時や経済成長を高めるために，政府がオリンピックや国際万博を招致し，大規模事業を行うのは乗数の理論を前提にしているのである。

教授　いいでしょう。

---

(10)　ある変数が変化したとき，他の変数が変化する比率のことを乗数といいます。

§5 投資には実物投資と証券投資がある

　パナソニックの株を1,000株買ったというような場合に，私たちは「最近，投資を始めた」などといいます。株式投資は，カネとカネの取引なので証券投資と呼ばれます。

　ケインズの言う投資，つまりマクロ経済の投資とは，実物投資の方で，個人が住宅を新築する「住宅投資」，企業が製品を作りそれを倉庫に保管する「在庫投資」(11)，企業が機械などの生産設備を購入する「設備投資」のことです。

学生　トヨタの株を買う場合とトヨタホームで住宅を作る場合の違いは何でしょか。

教授　トヨタの株を買う場合は，株券と現金が交換されるだけです。投資家は例えば現金100万円で，ネットか証券会社の店頭などで株を買います。この取引では，新たに価値が生まれたわけではありません。だから，マクロ経済ではこうした取引は無視します。

　ところが，田中さんがトヨタホームで新築した場合，話は全く異なります。田中さんが建築会社に5,000万円支払いますと，建築会社は大工さんを雇い，建築資材を仕入れ，住宅建築に取りかかります。ここからさまざまな有効需要が派生します。このように，実物投資は，連鎖的に需要を増加し続けます。

　たとえば，企業が人工知能（*AI*）によって稼働するロボットを工場に設置することはメーカーとしては当たり前になっています。このような場合，ロボットを製作・販売している製作所の所得は増えます。

　製作所で働く社員の給与やボーナスも増えます。社員の消費が増え，景気に

---

(11)　売れ残って在庫が増えた場合にも，在庫投資になります。

弾みがつきます。メーカーはさらにロボットの買い入れを増やし，生産を増やします。これが，「投資（ロボット）が投資（さらなるロボット）を呼ぶ」という経済成長の原動力になるのです。

　このように，個人が住宅を購入したり，企業がロボットを購入したりすることは，民間投資と呼ばれます。

　民間投資は，経済のエンジンです。しかし，投資は景気に左右されるものです。景気がいい時には，投資は好調です。好景気であれば，お父さんの給与も上がりますから，新築住宅も増えていきます。

　しかし，不景気であれば，モノが売れず，倉庫は在庫の山。もうこれ以上生産すると損をするかもしれない。言葉を換えれば，売れないものは作ってもしょうがない。だから，在庫の積み増しなどは企業家の頭から消えてしまいます。

学生　民間の投資を刺激する要因などがあれば，教えてください。
教授　まずは，「アニマルスピリット」ですね。

　積極的にリスクをとって社会の変化に挑戦するアニマルスピリット[12]が企業家や起業家にあるかどうかです。

　それから，投資が採算ベースに乗るかどうかですね。

　企業家は，投資をすることによって収益が得られると予想すれば，投資の決断をします。

　一方で，企業家は投資をするために必要な資金を借り入れた場合の金利が，高いか低いかが投資の判断材料になるでしょう。金利が企業家の予想される収益率より高い場合には，企業家は投資に二の足を踏むでしょう。

---

[12]　アニマルスピリットとは，将来の収益を予想して事業規模を拡大するような野心的な意欲のことです。

単純に言えば，金利は費用で，収益率は収入ですから，せっかく投資をしても費用が収入を上回るようでは，赤字が続くだけです。

　つまり，予想される収益率が金利を上回れば，企業家の投資意欲が湧いてくるでしょう。

学生　民間投資が増えるかどうかの判断は，金利と収益率を天秤にかけるということがわかりました。できれば，再確認のために数値例などで，もう一度，説明してください。

教授　こんな数値例ではどうです。

	予想収益率	金　　利	投　　資
①	3％	5％	実行しない
②	8％	5％	実行する

　①の場合には，純収益率[13]はマイナス2％ですから，設備投資をすると損が予想されます。なお，ここでは予想収益率から金利を引いた差を純収益率としています。

　②では，純収益率で3％の収益が予想できますから，投資を決意する企業家は多いでしょう。

　重要なことは，企業家が投資の決断に踏み切るかどうかは，その投資が利益をもたらすかどうかということです。

§6　内需と外需

　内需や外需はニュースなどで耳にすることがあるので，初めて聞いた人は少

---

[13]　純収益率とは，当期純利益を売上高で割った値です。5％以上なら収益性が高いと判断されます。

18

ないと思います。マクロ経済にとって，内需や外需は重要な用語です。

＜*Y＝C＋I＋G*とはなんだ＞

ここで，消費を*C*，投資を*I*，そして政府支出を*G*とすると，

$$C + I + G$$

が内需（国内需要）の合計です。

その結果，消費者の消費が増えると，生産が増えます。

企業の投資が増えると，生産が増えます。

政府の公共事業が増えると，生産が増えます。

つまり，内需（*C + I + G*）が増えると，生産（*Y*）が増えるのです。

この関係を式で表すと，

$$C + I + G = Y$$

となります。左辺は有効需要で，右辺は供給（*Y*）です。

上の式の左辺と右辺を入れ替えると，

$$Y = C + I + G$$

となります。

この式は，右辺が左辺を決める式になります。換言すれば，*C*と*I*と*G*の大きさがそれぞれ*Y*の大きさを決めるということです。

学生　生産量の増減を左右するのは，消費と投資と政府支出なのですね。

教授　これらの有効需要がマクロ経済に大きな影響を与えるのです。ところで，*C*，*I*，*G*と*Y*などの記号は，グローバルスタンダードなので，そのまま使っても世界中で通用します。

学生　*Y*以外は頭文字だなと理解できますが，*Y*は何ですか。

教授　*yield*という英語があります。それは「生産量」という意味です。その

頭文字を使って，Yとしています。

学生 生産量や生産物なら，*product*だから，Pでいいと思いますが。

教授 ダメなのですね，先約があって物価にPが使われているのです。世界中の大学生や社会人が，ほぼ同じ内容の学習をしていますので，記号もほぼ統一して使われているわけですね。

学生 内需と雇用の関係はどうなりますか。

教授 企業が，生産量を増やすには労働者を増やさなければならない。たくさんの労働者を雇うことを「雇用を増やす」といいます。雇用を増やすということは，失業者が減るということです。失業者が減ると，失業率が下がります。

つまり，$C + I + G$（有効需要）が増えると，

→Y（生産）が増加します。

→雇用が増えます。

→失業者が減ります。

→失業率が下がります。

学生 有効需要が増えるか，有効需要を増やすかすれば，失業率を下げることができるということですね。これがケインズの有効需要の原理ですか。3つのエンジンとは，これですか。この他に，まだエンジンはありますか。ジャンボジェットもエンジンは4基ついていますよ。

教授 いいところに気が付きましたね。そのとおりです。

$C + I + G$は国内で作ったものを，個人と企業と政府が需要した（買った）ということです。国内で需要したということから，「内需（国内需要）」と呼んでいます。

🗔　外　　　需

　需要は，内需だけでないのです。国内で作ったものを外国で買ってくれる（輸出），外国で作ったものを国内で買う（輸入），いわゆる「外需（海外需要）」もあります。外需が有効需要の第4のエンジンです。

　輸出（X）と輸入（M）の差が問題となります。輸出が輸入を上回る場合は，外需がプラスになりますから，有効需要の増加から国内生産が増加し，雇用の増加が生まれます。

　つまり，

　　　　　輸出 − 輸入＝純輸出[14]＝貿易収支＝外需

という関係になっています。

学生　ちょっといいですか。いま，純輸出という言葉が出てきましたが，その「純」とは何ですか。

教授　差額（差っ引き）と解釈すればいいですよ。ただし，引かれる言葉の前に「純」を付けるのが約束になっています。

　たとえば，収入 − 支出＝純収入となります。

学生　そうすると，

　　　　　$Y = C + I + G + X - M$

　ですから，

　　　　　供給(生産)＝内需($C + I + G$)＋外需($X - M$)

となりますよね。

---

(14)　輸出額が輸入額を上回る国は，純輸出国と呼ばれます。

§ 7 総需要と総供給

$C + I + G$ が内需で，$X - M$ が外需です。両者の合計は，有効需要の総額になります。有効需要の総額を総需要（D）と呼びます。生産の方もこれに合わせて，総供給（Y）と呼びます。

そうすると，

$$Y = D$$

$$Y = C + I + G + X - M$$

となります。左辺が総供給，右辺が総需要です。

上の式から，三つのことがわかります。

① 内需が増えれば，生産量が増えます。

・消費が増えれば，生産量が増えます。

・投資が増えれば，生産量が増えます。

・政府支出が増えれば，生産量が増えます。

② 外需が増えれば，生産量が増えます。

・輸出が増えれば，生産量が増えます。

・輸入が増えれば，生産量が減ります。

③ 総需要が増加すれば，総供給が増えます。

§ 8 アブソープションとは何か

国内で生産したものが国内ですべて消費される保証はないのです。つまり，内需不足であれば，生産したものが処分されないまま残ってしまいます。

学生　国内で作ったモノが，国内で処分しきれない場合にはどうなるのですか。

教授　総供給と総需要が等しいことを示す

$$Y = C + I + G + X - M$$

を利用すると，マクロ経済の基本的な枠組みが考えられます。

　$C + I + G$は内需です。内需はアブソープション（*Absorption*）と呼ばれるので，Aとします。また，$X - M$は外需ですが，貿易収支のことでもあります。貿易収支は*Balance of trade*ですから，Bとします。

　すると，上式は，

$$Y = A + B$$

ですから，

$$Y - A = B$$

となります。

学生　ここから，何が見えてくるのですか。

教授　Yは国内で生産したもの，Aは国内で消費したものです。

　$Y > A$であると，国内で生産したものが国内で消費しきれない（＝モノ余り）ということから，輸出を増やすことによって，この余った生産物を処分せざるを得ない。このことから貿易収支の黒字（$B > 0$）が発生します。

　このように，貿易黒字とは，国内で生産したものを，国内で全部消費できなかったために，内需不足分を海外に輸出した大きさと考えることができます。

　しかし，大幅な貿易黒字が続くと，貿易摩擦が起こり，経済問題が外交問題に発展する可能性があります。

学生　貿易黒字が原因で外交関係が悪化するということですよね。

教授　それに対する政策は，アブソープションAを増加させる政策（内需拡大

政策）⑮をとればいいわけです。それは，「国民のみなさん，国産品を買いましょう」と政府が先頭に立って国民に呼びかけるそのやり方です。

　Aを増やし，YとAの差を小さくすれば，B，つまり貿易黒字が縮小することになります。このことによって，貿易摩擦の火種が消えていきます。

学生　マクロ経済の難解な理論を，私にもわかる単純な式であらすことができるなんて感動ものです。この式が頭の中に入っていれば，人の前でも喋れるような気がします。

教授　$Y = C + I + G + X - M$と反復暗唱し，手足のように活用してください。打出の小槌，間違いなしです。

学生　「輸出をすることは，失業も輸出することだ」。こんな話をどこかで聞いたことがあります。この話がなんとなくイメージできたような感じがしてきました。もっと具体的に説明していただけませんか。

教授　毎年200万台の自動車を輸出している国の自動車メーカーや従業員は豊かになるでしょう。

　しかし，毎年200万台の車を輸入している国では，その台数に相当する車の生産を減らさざるを得なくなります。輸入国の自動車メーカーの死活問題です。メーカーでは人員削減を余儀なくされます。つまり，大量の失業者が発生するということです。

　だから，モノの輸出は失業の輸出となるのです。このことを「近隣窮乏化」⑯といいます。

　「自国ファースト」で，輸出主導型の経済政策を優先させますと，思いもよらない弊害が派生するのです。

---

⑮　内需拡大策には，個人消費を増やすための所得減税，投資を増やすための投資減税などがあります。

⑯　近隣窮乏化とは，貿易相手国に負担を押し付け，経済発展を図ることです。

§ 9　財政赤字と貿易黒字

　政府の支出が税収入を上回ると財政は赤字になります。また，輸出が輸入を上回ると貿易は黒字になります。財政赤字と貿易黒字が内需と関係あるのか明らかにしてみましょう。

教授　政府の経済活動と貿易は結びつかないと思っていませんか。ところが，想定外の結びつきがあるのです。

学生　財政赤字と貿易黒字が，同時に起こることがありえるのですか。

教授　この質問から推測すると，マクロ経済の体系が徐々に分かってきたようですね。質問に答えるために，

$$Y = C + I + G + X - M$$

を見てみましょう。特に，政府支出（G）の財源は，個人からの所得税や企業からの法人税です。それらを単純に税金（$Taxes \, ; \, T$）とします。

　また，税金はマイナスの有効需要です。なぜかというと，個人が所得税を払うと消費額が減ります。企業が法人税を払うと投資額が減ります。

学生　税金（T）を $Y = C + I + G + X - M$ に記入しますと，

$$Y = C + I + G - T + X - M$$

となりますか。

教授　G が財政支出で，T は租税収入ですから，$G > T$ であれば財政赤字，$G < T$ であれば財政黒字です。さらに，次のように，変形してみましょう。

$$Y - C - I = G - T + X - M$$

　ここで，$Y - C$ は，所得から消費を引いた差額ですので，貯蓄（S）を表しています。

　以上の結果，

$$S - I = (G - T) + (X - M)$$

となります。

学生　$S - I = (G - T) + (X - M)$ は何を教えてくれるのですか。

教授　左辺のSは貯蓄ですから，所得（Y）を財やサービスに支出（C）した残額です。この貯蓄は銀行の預金（間接金融）[17]に，また一部は債券の購入（直接金融）になったりします。

　さらに，左辺のIは投資ですから，投資財を購入することです。そのための投資資金は銀行からの借り入れや，社債の発行などによって資金を調達します。つまり，貯蓄は投資となるのです。

学生　左辺が$S > I$であると，どうなりますか。

教授　もし$S > I$であれば，貯蓄超過です。換言すれば，供給過剰あるいは内需不足です。さらに，平たくいうと，生産したモノの売れ残りがあり，モノ余り状態になっているのです。

　左辺が$S > I$であれば，右辺も$G > T$，あるいは$X > M$となります。

　ここで，$G > T$は財政赤字，$X > M$は貿易黒字です。

　つまり，内需不足の経済では，必然的に財政赤字や貿易黒字が発生するのです。

　国内で生産した生産物が，民間で捌（さば）ききれない場合には，政府がその生産物を買うか，海外で買ってもらうしかない。よって，Gが増え，Xが増えるのです。

---

(17)　間接金融とは，銀行が預金者から集めた金を企業などに貸し出すことです。一方，直接金融とは，投資家が株や債券と交換にお金を企業に提供することです。

これまで説明してきたことをまとめてみましょう。

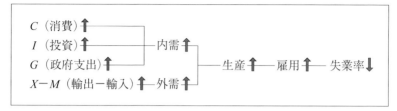

　上のフローチャートにある内需と外需は次のような要因の変化によって増加します。

・消費は，個人の懐具合で決まりますから，個人の所得が増加すると消費も増加します。

・投資を動かす主たる変数は，金利です。金利が低くなれば，企業の投資資金の借り入れコストが下がりますから，企業は投資に積極的になるでしょう。

・経済政策の機動性を最も発揮できるのが政府支出です。

・輸出や輸入は為替レートが有力な変数です。例えば，円安になれば輸出企業の後押しをするでしょうし，円高になれば，原油などの輸入増加につながっていくでしょう。

学生　これで視野が一気に広がりました。有効需要は内需と外需からなっているのだ。だから，消費，投資，政府支出や輸出などが増えると，景気がよくなるのですね。

教授　この有効需要の原理は，金融緩和政策から金利が下がってきますと，企業の設備投資が増加し，さらにそこから失業率の低下まで，経済を連鎖的な好循環に導いていく。この連鎖の持続可能性を明確に伝えたものです。

Column 1　45度線分析

学生　45度線分析，それって何ですか。

教授　天才サミュエルソンは，難解なケインズ理論を学生に理解させるためにはどうすればいいか，考えたようです。その中の一つが45度線分析です。

学生　具体的には，何をどのように分析するのですか。

教授　ケインズは，有効需要によって所得が決まる，消費や投資が増えれば所得が増える，などと説明しています。サミュエルソンにしてみれば，これではほとんどの学生が「ああそう」で終わってしまうだろう，と考えたわけです。

学生　それでわれわれのために，「そうなんだ」と思わせる道具を作ってくれたわけですね。

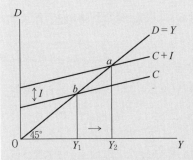

教授　45°線，わかりますよね。$0Y_1$とbY_1の長さは同じです。だから，45°線線上は横軸と縦軸の長さが同じになっています。これが第一のポイントです。

学生　有効需要が所得水準を決めるメカニズムを教えてください。

教授　消費曲線がC線です。C線はb点で45°線と交差しています。

　よって，$0Y_1 = bY_1$です。つまり，消費の水準がC線であるならば，所得水準はY_1に決まるというわけです。ここが第二のポイントです。

学生　消費（C）と投資（I）が有効需要である時には，$Y = C + I$の式が成り立ちますね。この場合にはどうなるのですか。

教授　グラフの中に，$(C + I)$の曲線が描かれています。この場合には，$(C + I)$の曲線は45°線とa点で交差しています。

　つまり，その点が$Y = C + I$ですから，所得水準はY_2となります。有効需要に投資が加わって所得がY_1からY_2まで増加したことになります。これが第三のポイントです。

第*2*章 モノから見た経済

【本章のねらい】

　マクロ経済のモノの物差しは*GDP*です。*GDP*（国内総生産）の中身を細かく調べていくことにします。*GDP*からマクロ経済の分析ツールであるインフレ率や失業率などが次々と派生してきます。

---

　*GDP*の概念を開発した経済学者はサイモン・クズネッツ[18]です。1930年代のころです。ケインズの有効需要の原理と*GDP*がリンクし，マクロ経済理論は飛躍的に発展を遂げるのです。

§ 1　*GDP*とは何か

　すべてのマクロ経済は，*GDP*に通じる。

　GDP（国内総生産）は，マクロの総本山です。マクロ経済学は，数量調整[19]の学問ですから，*GDP*がマクロの中心に置かれているのです。

教授　有効需要が増えれば，生産が増え，雇用が増えて，失業率が下がる，これがマクロ理論のエッセンスです。ここで，「生産」と単純に表しているもの

---

[18]　サイモン・クズネッツ（1901－1985），現在のベラルーシに生まれ，アメリカに帰化します。ハーバード大学などで研究・指導に従事し，1971年にノーベル経済学賞を授賞します。クズネッツ曲線で広く知られています。

[19]　マクロ経済学は，生産，所得，労働，資本，などの総量をコントロール（数量調整）する研究の学問です。これに対して，ミクロ経済学は価格調整の学問です。

は何だろうか。これこそマクロ経済学の要です。

　生産が増えれば所得が増えます。

　　→所得が増えれば，消費が増えます。

　　→消費が増えれば，人々の生活が豊かになります。

　だから，生産が増えるかどうかが大事なのです。

　その「生産」とは，国内総生産のことです。

学生　国内総生産とは何ですか。大事そうなので，ゆっくり説明してください。

教授　大切なのは，付加価値です。

　国内総生産とは，ある国で1年間に新たに生み出された付加価値の合計額のことです。国内とは，日本であれば日本領土での生産という意味です。

　つまり，日本国領土内で個人，企業，政府が生み出した付加価値の合計額を求めると，それが国内総生産になるのです。

　ここで，「新たに生み出された価値」とは何か，【設例】で説明してみましょう。

【設　例】

・農家が，100億円の小麦を生産した。

・この小麦を製粉会社が，農家から全額仕入れ，200億円の小麦粉を生産した。

・この小麦粉を製パン会社が，製粉会社から全額仕入れ，300億円のパンを作り，販売した。

　【設例】から，新たに生み出した価値の合計は，小麦の100億円，小麦粉の200億円，とパンの300億円を合計した600億円でしょうか。

学生　でしょうか？ということは，そうではない？えー，なぜですか。

教授　国内の生産総額が国内総生産ではないのです。

　小麦100億円＋小麦粉200億円＋パン300億円，つまり600億円は生産総額です

が，新たに生み出された価値の合計額ではないのです。

　たとえば，小麦粉を生産するときに，農家から仕入れた100億円の小麦はすでに農家が生産していたものです。小麦100億円は，農家が新たに生み出した価値ですが，製粉会社が生み出したものではないのです。

　製粉会社にとって，小麦は小麦粉を生産するための原材料です。だから，製粉会社が新たに生み出した価値を求めるには，小麦粉200億円から原材料である小麦100億円を差し引く必要があります。

　よって，製粉会社が新たに生み出した価値は200億円－100億円から，100億円になります。この新たに生み出された価値は付加価値と言います。全国の（個人企業も含む）企業が生み出した付加価値の合計が国内総生産です。

　この国の農家の付加価値は100億円，製粉会社の付加価値は100億円，そしてパン製造・販売会社の付加価値は100億円で，付加価値の合計は300億円です。

　よって，この国の国内総生産は300億円です。

§2　六次産業化とは何か

　農業や漁業は第一次産業，製造業は第二次産業，そしてサービス業は第三次産業です。それぞれの産業で付加価値を生み出しています。では，六次産業化とは何でしょうか。

学生　農家からトマトを仕入れた缶詰メーカーが，トマトの缶詰を生産・販売し，缶詰の販売価格がトマトの仕入れ価格より高ければ，付加価値が付いたといえるわけですね。

教授　生産や販売に携わっている企業や商人の知的なイノベーションはいかに付加価値を高めるかということですね。

国内総生産は，各生産段階での付加価値の合計であることわかりましたか。

学生　わかりました。六次産業化という言葉を耳にすることがあります。これも，付加価値と関係があるのですか。

教授　ニンジンを農家（第一次産業）が栽培すると，農家は，通常，生のままスーパーなどに販売します。

　ところが，農家がニンジンをそのまま売ってしまわないで，缶詰工場を作り，ニンジンの缶詰を生産する（第二次産業）。さらに，これらの缶詰を農家の経営するお店で販売する（第三次産業）。こうすると，農家で収穫した5本50円のニンジンが，缶詰になると，100円になり，お店で販売されるときには150円となるかもしれない。

　農産物でも生産し，加工し，販売すれば段階ごとに付加価値が加わり，農産物から得られる収入の増加が期待できます。このことからも分かるように，六次産業化[20]は第一次から第二次産業，さらに第三次産業までをすべて利用することが生産性の向上につながることを提案したものです。

§3　マクロ経済のキーワードをおさえよう

　マクロ経済学の主たるツール（道具）は5つあります。この5つのツールを使いますと，経済現象を理解したり，経済を予測したりすることができます。

教授　国内総生産（*GDP*）は，一国の1年間の付加価値の合計です。そのため数値が大きすぎて，捉えどころがない。日本であれば，500兆円といった額です。単位が兆などの数字は馴染みが薄い。経済の体温計に使うのには，*GDP*

---

[20]　今村奈良臣（東京大学名誉教授）は，農業者が経営の多角化に取り組めば，一層の付加価値を得ることができると六次産業化を提案しました。

は荒過ぎるのです。

> 　経済の体温計は，経済の基礎的諸条件（ファンダメンタルズ）といい，
> 次の5つからなります。
> 　　・経済成長率
> 　　・金　　　利
> 　　・インフレ率
> 　　・失　業　率
> 　　・為替相場（レート）

　これら5つのキーワードで分かるように，すべて比率です。比率であれば，
何％などと小さな数値で表されるし，変化した大きさが手に取るようにわかり
ます。それで，国内総生産では経済成長率を経済の伸び率の測定値に使います。

　さらに，大事なことはこれら5つの変数が相互に関係していることです。

　たとえば，成長率と失業率，失業率とインフレ率，さらに金利と為替レート
などのようにすべての変数の組み合わせが考えられます。

学生　経済成長率の前に，基本的なことから教えてください。*GDP*とは，ど
んな英語の頭文字ですか。

教授　*G*は*Gross*（総），*D*は*Domestic*（国内），*P*は*Product*（生産）です。

学生　*G*の*Gross*が総というところが気になります。*Gross*は総でなく，粗だ
と思うのですが。

教授　ジャガイモを袋に詰めて重さを測りますと，袋の重さを含めたジャガイ
モの重さになりますよね。*GDP*も生産に利用した機械などの価値の減少分（固
定資本減耗）[21]を含めて計算したものなのです。ですから，厳密には，国内粗生

---

[21]　工場や生産設備などの固定資本は，使用されてもされなくても毎年価値が下がって
　　いきます。この価値の減少分を固定資本減耗とか減価償却費といいます。

産です。粗も総も全体という意味では同じですから，国内総生産が用いられています。

　GDPが500兆円から１年間で510兆円になった場合には，経済成長は10兆円です。このように，GDPの増加分を経済成長と呼びます。つまり，経済成長とは経済規模が増大していくことです。

　また，500兆円が510兆円になったことから，１年間に10兆円だけGDPは増加していますから，伸び率では２％です。GDPの伸び率を，経済成長率と呼んでいます。

経済成長率の推移[22]

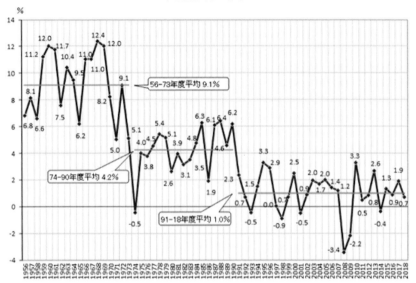

学生　戦後の経済成長率を見ると，３つに区分できますね。1956年から1973年までの高度成長期，74年から90年までの安定成長期，そして91年から2018年ま

---

[22]　この資料は内閣府サイトから引用したものです。

での低成長期となっていますね。

教授　オイルショックによって高度成長から安定成長に一気に低空飛行に変わりました。その節目が74年のマイナス成長です。さらに，バブル崩壊により低成長が続いています。

§ 4　オーカンの法則

　需要が増えると，生産が増えます。そうすると，失業率が下がります。

　生産が増えることは，経済成長率が高くなるということですから，経済成長率が高くなることは，失業率が低くなることです。

　アメリカの経済学者オーカン[23]は，成長率と失業率の関係を研究しました。研究の結果から，成長率と失業率の関係は3：1であることが分かったのです。つまり，経済が3％成長すると，失業率は1％下がるというシンプルな答えです。

　こうして，オーカンはモノが変化すると，ヒトも変化することをわれわれに可視化してくれました。換言すれば，複雑な経済の一面をわかりやすい情報に変換してくれたのです。

学生　ところで失業率は，どのように計算しているのですか。

教授　順を追って説明します。

　15歳以上の人口を生産年齢人口といいます。

　生産年齢人口から学生・主婦・高齢者などを除いた人口を労働力人口といいます。

　労働力人口は，職に就いている就業者と職探しをしている完全失業者からな

---

[23]　アーサー・オーカン（1928-1980）は，1963年にエール大学経済学教授となります。ジョンソン大統領の経済諮問委員などマクロ経済の分野で活躍しました。

ります。

　そこで，完全失業者を労働力人口で割り，100を掛けると完全失業率となります。完全失業率は，単に失業率とも呼ばれています。

学生　オーカンの法則からすると，成長率が３％であれば，失業率は１％下がることになるだろうと判断できるわけですね。

教授　必ず３：１ではないかもしれないので，それほど厳密に考えなくともいいと思いますが，説得力がある法則だと思います。オーカンの法則を知ってマクロ経済学が身近になったでしょう。さらに，完全失業率と有効求人倍率の推移も見ておきましょう。

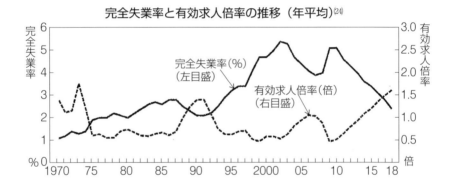

完全失業率と有効求人倍率の推移（年平均）[24]

学生　図に描かれている有効求人倍率とは何ですか。

教授　例えば，仕事をしたい人が100人いて，仕事が120あれば，人手不足となっています。このとき仕事の数を有効求人数，仕事をしたい人を有効求職者数といいます。

　有効求人倍率とは，有効求人数を有効求職者数で割った値です。

⑵⑷　矢野恒太記念会編『日本国勢図会』(2019/2020年版)，国勢社，2019

先ほどの例であれば，有効求人倍率は，120÷100＝1.2となります。

有効求人倍率が1より大きいときは，人手不足で売り手市場と呼んでいます。

また，有効求人倍率が1を下回る時には，買い手市場ですから，就職難になります。

§5　名目*GDP*と実質*GDP*

*GDP*には，名目*GDP*と実質*GDP*があります。両者の違いをきちんと理解することがマクロの骨組みを捉えるには不可欠なのです。

教授　経済成長率は，実質*GDP*の伸び率です。

名目*GDP*は，その時点の市場価格で計算した*GDP*です。そこで，名目*GDP*と実質*GDP*との違いは何か説明していくことにします。

【設　例】

この国では，パンだけを生産しています。

昨年は，10億個のパン作り，1個80円で販売しました。

昨年の生産額は800億円でした。

今年のパンの生産個数は11億個です。

今年のパンの販売価格は1個90円です。

今年の生産額は，990億円です。

この場合に，生産量も価格も変化した状態で生産額を計算した値が名目*GDP*です。

【設例】から昨年の名目*GDP*は，800億円（80円×10億）です。

今年の名目*GDP*は，990億円（90円×11億）です。

名目 *GDP* の増加分は，990億円−800億円＝190億円です。

　名目 *GDP* の成長率は，190億円÷800億円から，約24％となります。

　この【設例】から分かるように，名目 *GDP* とは金額（市場価格）の面から *GDP* を表したものです。

　これに対して，実質 *GDP* [25]はパンの価格が今年も昨年と変わらないとして，生産額を求めた値のことです。よって，今年の実質 *GDP* は，80円×11億で，880億円となります。さらに，実質 *GDP* の成長率は10％です。

学生　景気が良くなったと実感するのは，名目 *GDP* の場合のように生産量も増え，物価も上がっていることが必要十分条件であるということですか。政府・日銀が２％の物価上昇をデフレ脱却の目標にしている理由はこれでしょう。

§ 6　モグラ叩きゲーム

　失業者を減らそうとすると物価が上がり，物価を下げようとすると失業者が増えてしまうことになると厄介です。経済学ではこうした関係をトレードオフと呼んでいるのです。

学生　「モグラ叩きゲーム」ですって？真面目に *GDP* の説明を聞いていたのに，一世代前のゲームの話ですか。

教授　これって，真面目な話なのです。

　モグラが出てきたら，ハンマーでモグラを叩くと別のモグラが現れる。スト

---

[25]　名目 *GDP* とは，金額ベースで計算した *GDP* です。一方，実質 *GDP* とは，数量ベースで計算した *GDP* です。ここから，名目 *GDP* を実質 *GDP* で割りますと，マクロの物価指数（*GDP* デフレーター）が求められます。この値が１より大きければ，物価が上昇していることを表します。

レス解消にもってこいのゲームですね。

　ケインズ理論のポイントの一つにもこのゲームと同様の経済現象があるのです。

　インフレ率と失業率の関係にモグラ叩き現象が現れるのです。

　インフレ率が上がると失業率が下がり，インフレ率が下がると失業率が上がるという現象をフィリップスが発見しました。この関係こそケインズ理論の核心です。

学生　それであれば，オーカンの法則もモグラ叩きゲームですよね。

教授　そうですよ。成長率が下がれば失業率が上がり，成長率が上がると失業率が下がるわけですからね。

　このようにトレードオフと言って，一方が増えると他方が減り，一方が減ると他方が増える現象を，経済学者は探してきたのかもしれませんね。

§ 7　インフレとデフレ

　ケインズ理論は，「インフレか失業か」の選択理論です。インフレによって失業率は少なくとも下がります。この関係を順に説明していくことにしましょう。また，フィリップス曲線を説明する前に，物価やインフレのことについて若干触れておくことにしよう。

　消費者が購入する商品やサービスの総合的な物価水準を消費者物価指数[26]といいます。一方，企業が互いに売買する商品の総合的な価格水準は企業物価指数といいます。

---

[26]　消費者物価指数（CPI）には，コアCPIやコアコアCPIなどがあります。コアCPIとは，生鮮食品を除いた物価指数です。また，コアコアCPIとは食料やエネルギーを除いた物価指数です。

これらの物価指数の伸び率がインフレ率です。もちろん，伸び率がマイナスならばデフレ率です。

学生　ちょっと待ってください。では，物価上昇率とインフレ率は違うものですか。

教授　ほぼ同じと考えていいのですが，物価上昇率は消費者物価指数の上昇率です。インフレ率は，各種の物価指数を総合して求めた物価指数の上昇率です。

学生　すいません。まだインフレの説明はされていませんよね。

教授　インフレは，インフレーションが正確な用語で，物価が持続的に上昇することです。これに対して，デフレはデフレーションが本来の用語で，物価が持続的に下落することです。

　「持続的に上昇する」とは上がり続ける，「持続的に下落する」とは下がり続けるということです。

学生　インフレ，デフレのイメージがわからないな。

教授　まずは，インフレの場合を説明します。

　1本100円のバナナが，1本200円になった。

　バナナの本数は変わらないのに，値段が2倍になった。こうなると，百円硬貨を2枚払わないと，バナナが1本買えない。お金の価値が半分に下がったのです。対して，バナナ1本で100円硬貨が2枚も受け取れる。バナナの価値が上がったのです。

　このように，インフレはお金の価値が下がり，物の価値が上がることです。

　次は，デフレの場合です。

　1本100円だったバナナが，1本50円になった。今度は，100円硬貨でバナナを2本買えることになる。

だから，デフレ[27]は，お金の価値が上がり，物の価値が下がることです。

学生　インフレで得をする人は誰ですか。

教授　インフレで得をするか，単純には答えられませんので，以下の事例で考えてみてください。

📋 ローンとインフレ

インフレになっても，借りた金額は変わらない。しかし，借金の価値は減ります。一方では，月給やボーナスは増えます。収入が増えるので借金を返すのは楽になります。

ローンを組んでマンションを買いました。インフレになって物価も給与も2倍になりました。ローンの返済額は変わらないから，給与が2倍になって，ローンの返済がだいぶ楽になります。

📋 不動産とインフレ

インフレは，お金の価値が下がるので，モノや土地の価値は上がります。よって，不動産の所有者の資産は増えます。

だが，土地やマンションなどの不動産は環境が価値を決めます。地方に不動産を所有している場合には，都市部に比べて，たとえインフレであっても価格の値上がりは期待できません。なぜなら，人口減少は，地方から都市部への人口移動をもたらすからです。

📋 消費者心理とインフレ

インフレは，物価が持続的に上昇していることです。

同じ商品でも，今日より明日のほうが値上がりするかもしれない。このよう

---

(27)　デフレが怖い理由は，借金です。毎月の返済額は減りませんので，物価が下がった分，正味の返済額（実質債務）は増えます。

な時の消費者心理は複雑です。消費者は，生活に必要なものをわれ先に買おうとするでしょう。早く買うほうが安く買えると判断するからです。そのために，値段は更に上がり，高くても売れます。よって，企業の売上高は増えます。

🔲　株とインフレ

インフレになると，企業の売上高が上がるため，利益が増えます。企業の増収・増益は株価上昇の主要因です。投資家は増え，株式市場は元気になるでしょう。株主にとっては，インフレが資産を増やすチャンスかもしれない。

しかし，これは企業の収益率が物価上昇率を上回る場合です。インフレに伴って原材料コストが上昇するから製品メーカーなどの業績は不透明で，株価の上昇は期待できないかもしれない。

🔲　海外取引とインフレ

インフレはお金の価値が下がることであるから，円安になります。円安になれば，輸出業者は元気になり，外需の盛り上がりが期待できます。また，円安は外国人観光客を呼び込むチャンスを与えてくれます。いわゆるインバウンド消費[28]によって内需の拡大も期待できます。

学生　インフレの弊害は何ですか。

教授　年金生活者にとっては，固定収入しかありませんから，インフレは年金生活者の家計に大きな負担になります。

インフレは，モノの値段が上がることです。モノの値段が上がれば，売上額は増えるから，企業にとっては好都合です。そこで，経営者は給与やボーナスを増やす可能性がありますが，通常は給与より物価のほうが先に上がります。

---

[28]　インバウンド（inbound）とは，外国人旅行者が日本を訪問することを意味しています。逆に，日本から海外に旅行することをアウトバンドといいます。

　最後に，預金者の資産は目減りします。銀行預金を1,000万円している人にとって年間の物価上昇率が２％であるならば，１年後にはその預金の価値は20万円目減りしてしまうことになります。

§8　インフレは恐ろしい

　とてつもなく物価が上昇する恐怖のインフレこそハイパーインフレーションです。

　町中を焼き尽くして燃え上がる恐怖の炎を見たことがあるだろうか。ハイパーインフレーションは，手の付けられない燃え上がる炎のようなものです。

学生　以前，1920年代におけるドイツのハイパーインフレーション（以下ハイパーインフレ）のことを聞いたことがあります。

　「馬車にマルク紙幣を山盛りに積んで街に出た。帰りには馬車の上には，１個のパンが乗っていた。」

教授　第一次大戦の敗戦国ドイツは，巨額な賠償金の支払いに迫られた。大戦で資金を使い果たしたドイツには余裕の資金はなかった。そこでドイツ政府は大量に国債を発行して，ドイツの中央銀行であるライヒスバンク[29]に直接引き受けさせることにした（このことを財政ファイナンスといいます）。このことから，際限なく紙幣が乱発され，天文学的なインフレ率が発生することになります。

　市民は，手押し車で紙幣を運んで買い物に出かけ，ドイツ国中のすべての印刷機がフル稼動で紙幣を印刷し続けたのです。しかし，それでも必要なマルク紙幣は間に合わなかったのです。

---

[29]　1876年から1948年までの72年間，ベルリンに存在したドイツの中央銀行をライヒスバンクといいます。なお，1948年以降のドイツ（西ドイツ）の中央銀行はブンデスバンク（連邦銀行）です。

学生 ハイパーインフレは，時々，どこかの国を襲っているのですか。

教授 近年でも，南米やアフリカなど起きていますね。しかも，ハイパーインフレ発生の原因は共通しています。

1984年にはボリビアで，1993年にはブラジルで，さらに2007年にはジンバブエ[30]でハイパーインフレが発生しました。

これらの国に共通していることは，財政ファイナンスです。これは，政府の歳入不足を国債の発行で資金調達しようと，中央銀行の直接引き受けを強制することです。

学生 ハイパーインフレの火を消す消火剤はないのですか。

教授 自国の通貨とドルを並行的に利用させるか，自国通貨の利用を停止して，ドルを法定通貨と認める方式が考えられます（これをドル化と呼んでいます）。

学生 財政ファイナンスは，日本でもありましたか。

教授 太平洋戦争時に，戦費調達のために大量の国債を発行し，日本銀行に直接引き受けさせていました。

これによってハイパーインフレが発生し，旧円紙幣は紙切れ同然になりました[31]。戦後は，財政法で，日銀の国債直接引き受けを禁止しています。

§9 インフレを発生させる要因

インフレを発生させる要因はたくさんあります。それらの中で代表的なインフレ要因を3つ考えてみましょう。

---

(30) 白人農家を追放したことから，農作業が不可能になりモノ不足からハイパーインフレが発生しました。

(31) 日銀の伊藤氏によると，1934-36年の消費者物価指数を1とすると，1947年で220倍。1954年で301.8倍に上昇したということです（伊藤正直：「戦後ハイパーインフレと中央銀行」(2002)）。

学生　まだ，何がインフレを引き起こすのか，その説明はまだ聞いていませんが。

教授　インフレを発生させる原因は，大きく３つに分類することができます。

　まず，需要が犯人であると考えられます。

　モノが100個（供給）あって，このモノを欲しがっている人（需要）が100人であれば，供給と需要は等しいから，価格は変わりません。

　しかし，モノの数が変わらないのに，欲しがる人が110人になれば，供給より需要の方が多くなるため，売り手は価格を上げます。

　つまり，需要が増えると物価が高くなります。需要の増加が原因でインフレになった場合は，デマンド・プル・インフレといいます。

学生　インフレの犯人は生産費（コスト）でもあるのですか。

教授　1973年に第一次石油危機がありました。中東諸国（正確にはOPEC）[32]が石油の輸出を渋ったことから，世界的に石油不足が起き，経済の混乱が起きました。

　石油は，モノを生産する原材料です。その原材料の価格が１年間に５倍にもなったので，製品の価格が大幅に上昇し，とてつもないインフレが発生しました。

　つまり，原材料の価格（生産費）の上昇によってインフレが発生したのです。このような生産費（コスト）の上昇が原因で発生するインフレをコスト・プッシュ・インフレといいます。

学生　マネーストックが犯人という経済学者もいますよね。

---

[32]　*OPEC*（石油輸出国機構）とは，石油産出国の利益を守るために1960年に設立された組織のことです。

教授 フィッシャー⑶は「インフレは貨幣的現象である」と言っています。つまり，社会で流通するお金の量（マネーストックといいます）が増えすぎることがインフレの原因であるという考え方です。

§ 10 デフレは悪者か

インフレでは，カネよりモノが選ばれます。それに対して，デフレはモノよりカネが大切になります。

学生 唐突に質問の方向が変わりますが，デフレとは何ですか。

物価が下がり続ける現象をデフレというらしいですが，これがデフレの定義と考えていいのですか。

教授 デフレの定義はさまざまありますが，物価の変化率が長期間，ゼロあるいはマイナスになっている状態と考えていいでしょう。

学生 物価が下がるのに何が問題なのですか？

教授 物価が下がるということは，モノやサービスの値段が下がるということですから，消費者にとっては歓迎すべきことです。それは家族の働き手の給与（名目所得）が変わらなければです。

ところが，モノやサービスを生産したり，提供したりしている経営者から見れば，収益の減少になりますから，社員の給与やボーナスなどを減らさざるを得なくなります。さらには，給与のカットだけに留まらず，人員削減をしなければならなくなります。これは，ミクロ的な視点で考えた場合です。

⑶ アメリカの経済学者アービング・フィッシャー（1867 – 1947）は，『貨幣の購買力』（1911）で，貨幣数量説を展開し，価格水準を決めるものが何かを明らかにしています。

学生　マクロ的な視点からでは，どうなりますか。

教授　生産が減り，国民の所得が減り，賃金が下がり，消費者の消費が減って，低成長あるいはマイナス成長となる可能性があります。

平成不況期で，日本の通貨は海外に比較して相対的に上昇して円高になりました。円高によって輸出企業の国際競争力は低下しました。そして，海外への工場移転（海外直接投資）が加速化しました。いわゆる産業の空洞化[34]です。

学生　デフレも恐ろしいですね。物価が下がり，企業の収入が減り，お父さんの給与が下がり，お父さんの職場が海外に移転してしまうかもしれないわけですよね。

§ 11　総需要管理政策

ケインズ理論はなぜ凄いのか。それは，理論が理論で終わってないことです。この理論を使って，「こうすればこうなる」という実学を披露したことです。総需要管理政策が典型的なケインズの実学です。

学生　失業率とインフレ率は反対に動くのですか。

教授　ケインズの政策は，総需要管理政策です。総需要というのは，これまでに説明したように，

$$C + I + G + X - M$$

で表せるが，これらの合計が総需要と呼ばれています。

学生　総需要は，所得が増えて消費が増えたり，金利が下がって投資が増えたり，政府が公共事業を増やしたり，輸出が増えたりすると，増加しますよね。

教授　これらの中で，特に公共事業を増やしたり，減税を行ったりして意図的

---

[34]　産業の空洞化とは，工場が海外に移転し，国内の生産現場が衰退していくことをいいます。

に政府が総需要をコントロールすることを財政政策と呼びます。

　ケインズの総需要管理政策とは，不況を克服するために有効需要を増加させることに力点を置いた総合的な経済政策のことをいいます。

学生　公共事業を行うと需要が増えます。すると生産が増えて，失業率が下がります。ところが，失業率がまだまだ目標とした水準まで下がらなければ，政府としては再び公共事業をおこなって，失業率をさらに下げようとします。こうしたことが続いていくとどうなるのですか。

教授　需要が増え続けると，物価が上昇しインフレが発生し続けることになります。

　つまり，景気回復のために有効需要を増加させると，失業率は下がるがインフレとなります。

　インフレ率と失業率の関係をグラフで表すと右下がりの曲線となります（縦軸にインフレ率，横軸に失業率を測った場合）。それが，フィリップス[35]曲線（失業率を下げるとインフレ率が高くなることを表した曲線）です。逆にいえば，インフレを抑えれば，失業率は上昇するということです。

§ 12　不況の経済学

　ケインズによれば，経済政策はインフレ対策に軸足を置くか，失業対策に軸足を置くかの二者択一になります。インフレを抑え，失業率も下げるといった，2つの目標を同時に達成することはできないのです。

　そこで，世界大恐慌下でケインズは，物価重視の政策を取り敢えず片方に置

---

[35]　ウイリアム・フィリップス（1914-1975），ニュージーランドで生まれる。23歳の時，中国に渡るが，日本軍の侵攻でソビエトに逃れ，シベリア鉄道でイギリスに入国。第二次大戦でイギリス空軍に入隊，ジャワ島で日本軍に捕まり捕虜となります。終戦後，ロンドン大学でケインズ経済学を研究し，ロンドン大学の教授となります。

き，雇用重視の経済政策に特化しました。だから，ケインズの経済学は不況の経済学と言われているのです。不況回復の奥の手こそ有効需要の原理なのです。

学生　この辺でケインズ理論をまとめてください。
教授　ケインズ政策のポイントは，雇用を増やし，失業率を下げるにはどうすればいいかということです。

貯蓄は悪徳だ

消費を高める政策を考える必要がある。消費を高めることは，逆に言えば貯蓄を減らすということです。一部の豊かな人と大部分の豊かでない人からなる社会では，全体的な消費水準は高くならないのです。なぜだと思いますか。

豊かな人の所得に占める消費の割合（消費性向）[36]は小さいのです。そのためには，豊かな人々に多くの税金を払ってもらい，豊かでない人々に配分することが必要です。豊かでない人々の消費性向は高いから，所得配分によって所得水準が上がれば，社会全体の消費水準を引き上げることができます。

投資を増やす環境を創れ

経済が発展していくと，投資の収益率は低くなっていく傾向があります。技術の進歩が継続的に進んでいく資本主義社会では，投資から得られる収益も時間とともに減少するのです。

このような事態に対して，企業家の投資を促す誘因は，金利を下げるマクロ的政策が不可欠です。

政府に任せてくれ

景気回復への最大のサポーター，それは政府の公共事業です。

[36]　所得から税金を引いた差額を可処分所得といいます。可処分所得のうちから消費に回される割合を消費性向，貯蓄に回される割合を貯蓄性向といいます。

不況下では消費も投資も減少してしまいます。だからといって，消費や投資は，民間主導であるため政府が直接介入できないのです。そのため機動力に欠けます。そこで，政府主導の公共事業ということになります。

　ケインズは，赤字財政を容認し，国債などの公債を発行し，調達した資金を用いて公共事業を積極的に推進すべきであるとしています。

　しかし，ケインズのこうしたカンフル注射は万能の特効薬ではなかったのです。

学生　ケインズの総需要管理政策は万能の薬ではなかったのですか，なぜでしょうか？

教授　カンフル注射は，失業救済の特効薬としては確かに効き目がありました。だが，カンフル注射を常用しすぎたために，忍び寄るインフレの脅威にさらされた先進国が多くみられました。

　有効需要管理政策という１本の矢では，物価の安定と雇用の安定の２つの的を射ることは不可能であったのです。

カネから見た経済

【本章のねらい】

　生産活動によって，モノが造られます。モノを造るには，カネが必要です。企業はヒトを雇うにも，原材料を仕入れるにもカネが必要です。そこで，カネの世界に入って，マクロの経済を観察してみることにしましょう。

§1　2分法とは何か

　カネの動きとモノの動きは対応するのか。カネはモノを動かすのか。ケインズ以前の経済学者にとっての難問があったのです。

教授　マクロ経済学の生みの親ケインズは，モノの世界とカネの世界を結びつける理論を展開しました[38]。

　すでに説明したように，マクロ経済学の柱の一本は有効需要の原理です。その原理からモノ（GDP）とヒト（失業）の関係などを明らかにしてきました。仮に，モノの世界を「表」であるとすると，「裏」にはカネの世界があります。そこで，次にはカネの世界をのぞいてみることにしよう。

◻ カネが増えても，モノは増えない？

　そんなことは，ありえない。

---

[38]　「この世で一番難しいのは新しい考えを受け入れることでなく，古い考えを忘れることである。」（ケインズ『一般理論』）

だが，ケインズ理論が登場する前までは，カネが増えたとしても，そのことがモノの世界に影響することはないと考えていました。

　つまり，ケインズ以前の経済学（古典派といいます）では，カネの世界とモノの世界は分かれていたのです。世の中にお金が増えれば，物価が上がり，インフレになります。しかし，インフレがモノの世界に影響を与えることはない，という考え方です。

　つまり，インフレになってすべてのものの価格が２倍になっても，モノとモノの価格の比率（相対価格）は変わらないということです。

　例えば，リンゴとミカンがあって，リンゴ１個が100円から200円になり，ミカンが50円から100円になってもリンゴとミカンの価格の比率は依然として，２：１だから，物価が上昇してもモノの世界は変わらない。その結果，リンゴとミカンの需要と供給には変化が起きない。

　カネの世界はカネの世界，モノの世界はモノの世界で２分されている。よって，カネの世界からモノの世界を動かすことはできない。こういった考え方は，古典派の２分法または貨幣の中立性と呼ばれています。

学生　古典派の２分法は誤っていますか。

教授　もし２分法が正しいなら，有効需要の原理は成り立たないのです。

　たとえば，企業が設備投資をするかどうかの判断基準は何でしょうか。大事な基準の一つは，金利が高いか，適正な水準かどうかです。

　金利が，低い水準になれば，企業は投資の決意をしますね。だから，金利（カネ）は投資（モノ）に影響します。

　金利が低くなれば，投資環境は改善され，企業はリスクがあっても投資を行おうとするでしょう。投資による乗数効果が発揮され，モノの世界は活気づきます。

このような場合，カネの世界の変化が，モノの世界を変化させています。

よって，カネとモノの世界は互いに独立していると仮定する2分法は誤りだ。ケインズが言いたかったのはこのことです。

§ 2　貨幣とは何か

モノとモノを交換する物々交換を実際に目にしたことがあるでしょうか。誰もが「ノー」と答えるでしょう。それだけ，物々交換は可能性の低い経済取引なのです。

学生　早速ですが，お金とは何ですか。

教授　私はリンゴを持っている。しかし，食べたいと思っているのはミカンだ。そこで，リンゴをミカンと交換してくれる人はいないか，朝から探し回っています。ミカンを持っている人には出会ったが，彼はリンゴでなくバナナを欲しがっていました。ミカンを持っていてリンゴを欲しがっている人はいないかな？

学生　私の持っているリンゴを欲しがっている人がミカンを持っていれば，私と彼の交換が成り立つが，このようなケースはあったとしても稀でしょう。

教授　たまたま互いに欲しがるものを所有し，お互いに交換に応じることができたとき，欲求の二重の一致が成立したといいます。リンゴとミカンの交換はモノとモノの交換で，物々交換とよびます。

学生　リンゴやミカンは1カ月もすれば腐ってしまいます。交換するならだれにでも受け入れられるものが必要ですよね。

絹や米（物品貨幣）⁽³⁹⁾などであれば，比較的に長期に保存がききますし，誰でも欲しがるものです。

教授　ハーバード大学のグレゴリー・マンキュー教授は，「貨幣とは，人々が他の人々から財・サービスを購入するときに通常用いられる経済における諸資産の集合である。」と説明しています。

　要は，誰にでも受け入れられるものがすべてお金と考えていいでしょう。

§ 3　貨幣の機能

　貨幣はどんな働きをするのでしょうか。貨幣のある世界と貨幣のない世界を考えてみると，そこに貨幣の働きが見えてきます。

教授　欲求の二重の一致がなくとも，貨幣さえ持っていれば，いつでもどこでも必要なものを手に入れることができます。

学生　では，貨幣というのは何ですか。

教授　次の３つの機能を満たせば，なんでも貨幣となれます。

　交換手段となる。貨幣を所有していれば，誰とでも，いつでも，どんなものとでも，交換できます。あなたがユニクロに堂々と入り，Ｔシャツを手にしてレジに向かえるのは，あなたがポケットの中に貨幣を持っているからです。

　あなたがユニクロの店員に渡し，店員が承知してあなたから受け取るものこそ貨幣なのです。

---

(39)　平清盛は，南宋から宋銭を輸入し，それまでの絹やコメなどの物品貨幣を金属貨幣に変えました。金属貨幣が使われるようになると，物品貨幣として使われていた絹やコメの価格が下がり，絹などを大量に保有していた貴族が没落する原因となったのです。

価値尺度（計算単位）となる。ユニクロの店内では，Ｔシャツに1,500円，ジーパンに5,000円などと値札が付いています。このように，貨幣は価値の物差しとなります。財やサービスの経済的価値を測り，その価値に基づいて商品と貨幣の交換が行われ，取引が記録されていくのです。

価値の貯蔵手段となる。リンゴやミカンには，経済的価値がありますが，長期期間，貯蔵できません。そこで，リンゴやミカン栽培農家は，これらの果物を貨幣と交換し，貨幣を保有しておきます。貨幣で保有しておけばリンゴのように腐る心配はないのです。必要なものがあった時には，保有しておいた貨幣で財やサービスと交換すればいいのです。

§ 4　貨幣の価値貯蔵機能

われわれは富をどんな形で蓄えようとするでしょうか。土地や絵画の場合もあるでしょうが，リスクが少なく安全な富の貯蔵手段は何か考えてみましょう。

学生　貨幣の３つの機能のうちでどの機能が重要なのですか。
教授　オックスフォード大学のジョン・リチャード・ヒックス教授は『貨幣理論』（1967）において，貨幣の機能で最も重要な機能は価値貯蔵機能であると主張しています。なぜでしょうか。

これまでに価値貯蔵機能として最も優れていた貨幣は，金や銀です。金や銀が貨幣として定着すると，人々は労働の成果を金や銀で貯蔵する意欲が高まりました。

金や銀を保有していれば，いつでも必要なときに財やサービスと交換できます。

金や銀を保有していれば，無駄に交換の相手を探し続けることはありません。

人々は交換の煩雑性から解放され，仕事に集中できますから生産効率も高まりました。こうして，ひたすら金や銀をため込むことに精を出し，人々は豊かになり，国家も繁栄しました。

学生　金や銀であると，貨幣の機能の3つの条件を満たしていますね。ソ連ではタバコが貨幣となった話を聞いたことがあるのですが。

教授　ソ連崩壊（1991年12月）前，ルーブルが大暴落しました。ルーブルではタクシー代も払えなかったようです。

　ルーブルよりも「赤のマルボロ」(40)のほうが歓迎されたのです。またドル札以上に赤のマルボロが人々に信認されました。

学生　赤のマルボロが貨幣として通用した理由は何ですか。

教授　ロシアの人々は，赤のマルボロを貨幣として利用できるほど持っていたのでしょう。また，赤のマルボロは持ち運びが楽であり，偽造は不可能であったからでしょう。

　赤のマルボロの例で分かるように，貨幣として使われるものがすべて貨幣なのです。

§5　お金はどこから生まれるか

　貨幣が発行され，どのように貨幣が世の中に流れていくのか明らかにするために，中央銀行である日本銀行の役割から考えていくことにしましょう。

学生　「貨幣とは何か」，これについてはほぼ理解しました。では，どこが，どのように，世の中に貨幣を流すのですか。

---

(40)　イギリスのフィリップモリス社が製造するタバコです。

教授　貨幣を社会に流す源は中央銀行である日本銀行（以下日銀）です。

　では，そこにはどのような謎があるのか，少しずつ考えていくことにしよう。

学生　日銀の役割とは何ですか。われわれは，日銀について考えることはないですね。

教授　学生だけでなく一般の社会人も特別なことがない限り日銀の仕事にあまり関心はないかもしれませんが，しっかり押さえておきましょう。

日銀の役割といえば，3つあります。

  ①　銀行の銀行

  ②　政府の銀行

  ③　発券銀行

学生　日銀の役割は，まずは，「銀行の銀行」ですか。

　日銀は民間銀行（市中銀行）にお金を貸し出すということですか。

教授　それは，大事な仕事で，日銀貸出と呼ばれています。さらに，日銀の貸出金利が基準貸付金利と最近では呼ばれているが，かつては，公定歩合といわれていたものです。

§6　日銀貸出

　日銀が銀行への貸付金利を下げると，銀行の資金調達コストが下がるために銀行は日銀からの借入額を増やすことができます。さらに，金利が下がれば，個人や企業の借り入れコストも下がりますので，民間の借入額が増えるでしょう。

　つまり，日銀が貸出金利を下げると，世の中にたくさんのお金が出回ることになります。これを金融が緩和されたといいます。

しかし，日銀の貸出金利がコールレート（銀行間の貸出金利）より高ければ，どの銀行もわざわざ日銀から資金を借りようとも思わないでしょう。このような場合には，日銀の政策的な金利調整は難しいのです。

学生　唐突にコールレートなるものが出てきましたが，コールレートについて説明してください。

教授　どこの銀行も毎日いつでも資金が余っているわけではなく，資金が不足している銀行もあります。そのとき，資金不足の銀行は，余剰資金を持つ銀行から一時的に資金を借り入れることがあります。

　ある銀行が，「資金が足らないので，貸してください」と呼びかる（コール）と，「貸します。しかし，明日には返してください。金利は0.1％ですよ」と，別の銀行が答えます。このときの金利がコールレートです。

§7　日銀の資産とは，なんだ

　政府に入る税金などの収入（歳入）では，公共事業や社会福祉などの支出（歳出）を賄えない状態が続いているのです。大雑把に言えば，収入70兆円に対して，支出100兆円ほどだ。だから，毎年30兆円ほどの収入不足（歳入不足）です。

学生　政府といえども，カネは天から降ってこないから，赤字の分はどうするのですか。

教授　国民から借金をせざるを得ませんね。借金のために発行されるのが国債です。

　政府は，銀行と相談をして，国債を引き受けてもらいます。国債から利子収入が入るので，国債の引き受けは銀行にとって必ずしも不都合ではないのです。

学生　銀行が引き受けた国債は，その後どうなるのですか。

教授　景気回復のために，世の中にお金を注ぎ込む必要性が起こると，日銀は銀行が大量に保有する国債に目をつけます。そして，日銀は銀行から国債を買い入れます（これを買いオペといいます）[41]。

買い入れた国債は，日銀の資産です。

当然のことながら，国債の対価として，資金が銀行に流れることは言うまでもありません。

学生　日銀の資産として対外資産がありますが，それは何ですか。

教授　対外資産とは，ドルや人民元のような外国の通貨[42]や金のことです。

学生　では，対外資産はどのような場合に増えるのですか。

教授　輸出と輸入の差額は，貿易収支といいます。輸出が輸入を上回っていると，貿易収支は黒字になります。黒字分が対外資産の増分です。

　つまり，外需がプラスの時には，対外資産が増加します。

学生　日銀は意図的に対外資産を増減できるのですか。対外資産が増加する場合についてお願いします。

教授　円高・ドル安が進んだとします。輸出企業は円高の時には莫大な損失を被ります。

　次の【設例】を考えてみましょう。

---

[41]　日銀は国債を政府から直接引き受けることはできないのです（財政法第5条）が，銀行からは購入できます。これを買いオペといいます。

[42]　通貨とは，流通貨幣の略称です。ある国において，法律等で通用するとされている貨幣のことを通貨といいます。

　この【設例】からも分かるように，ドル・円レートが100円から，80円へと
ドル安・円高になると，1台について20万円の損が発生します。これは，為替
が円高になったための損失です（このことを為替差損といいます）。

　だから，輸出企業にとって円高は天敵なのです。

学生　円高に為替レートが振れていくとき，日銀はどのような対策を持ち合わ
せているでしょうか。

教授　それは，市場介入です。市場介入というのは，為替市場で円を売り（買
い），ドルを買う（売る）操作を日銀が行うことです。

　円が売られれば円安になり，ドルが買われればドル高になります。

　こうして，円高・ドル安の修正が行われていくのです。

　結果的には，市場介入によって，日銀にはドルという対外資産が入ります。

§8　日銀にも負債はある

　日銀の代表的な負債は，3つあります。まず，日銀券が日銀の負債です。

　それから，日銀当座預金と政府預金です。それぞれを順に説明していきま
しょう。

学生　日銀券こそ日銀の資産ではないですか。

教授　多くの人は疑問に思っているでしょう。かつては，日銀の発行する銀行

券は金貨や銀貨と交換できると紙幣に印刷されていました。こうした紙幣は，兌換（だかん）紙幣券と呼ばれました。今は金貨や銀貨と交換できない不換紙幣になりましたが，そのころの慣習が会計処理上に残っていると考えればいいでしょう。

　日銀の第3の役割は，「発券銀行」としての役割です。日銀だけに，紙幣を発行できる権限が与えられています。この紙幣は，千円札や1万円札などで，日銀券（日本銀行券）と呼ばれます。

　銀行券は，国立印刷局で印刷され，日銀に持ち込まれますが，その時点では単なる紙にしかすぎません。

学生　日銀券が発行された後は，どうなるのですか。

教授　発行された銀行券は，銀行が日銀当座預金を引き出したときにはじめて通貨になります。銀行券の発行額が増えますと，信用創造（預金が預金を生むメカニズム）を通じて，世の中に大量のカネが流れることになります。

学生　100円硬貨や500円硬貨は，日銀が発行しないのですか。

教授　硬貨[43]は財務省が発行します。造幣局で製造され，日銀に持ち込まれるとお金になります。ただ，硬貨は制限法貨と言って，額面の20倍までしか通用力はありません。100円硬貨ですと，20枚（2,000円）までしか同時に使用できないのです。

　日銀券（紙幣）は無制限法貨です。使用枚数に制限のない日銀券は「発券銀行」としての日本銀行が発行しています。

---

[43]　1円硬貨の重さは1g，5円は3.7g，10円は4.5g，50円は4g，100円は4.8g，そして500円は7gです。

§9　準備預金

　銀行に入ってきた銀行券のうち，何パーセントぐらいが銀行の金庫の中に，何パーセントぐらいが銀行から貸し出しに回されるのだろうか。

教授　まず，金庫に入れておく必要があるのは1％ぐらいです。

　さらに，民間銀行は日銀に法定準備預金として1％ぐらいを預けなければならないのです。よって貸し出しは最大で98％ぐらいですかね。

学生　法定準備預金とは何ですか。

教授　銀行は，個人や企業から預かった預金の一定割合（法定準備率）以上の金額を日銀の当座預金に預けなければならないことになっています。

　そのため，預金額に準備率を掛けた金額が，法定準備預金として日銀に入ります。

　もう少し説明しますと，準備率を低くすれば銀行としては，民間への貸出額を増やすことができます。こうして，世の中により多くのカネが流れ出ていきます。また，準備率を変更することによって，お金の流れを変えることもできるのです。これが，金融政策の一つである法定準備率操作です。

§10　日銀は，政府の銀行でもある

　日本銀行は，政府の財布を握っている銀行です。コンビニで支払った10％の消費税，企業の法人税などは日本銀行に入ります。政府が公共事業で道路を造りますと，日本銀行からお金が出ていきます。

教授　日銀は政府のお財布を預かっているのです。

学生　僕の家は，お母さんが財布を握っていますから，お母さんには逆らえな

い。日銀も政府の財布を握っているとはすごくないですか。

教授　まあ，お母さんも日銀もすごいといえばすごい。

　われわれが税金を払えば，政府の財布である日銀の金庫にお金が入るし，政府が公共事業のお金を払うときには，日銀の金庫から公共事業の指名会社にお金が出ていくわけです。

学生　すると，政府が赤字の時には，日銀の金庫に入ってくるお金より，日銀の金庫から出ていくお金のほうが多いということですね。

教授　そういうことです。その場合には，政府支出が政府収入を上回っているわけですから，マクロ的には有効需要が増えているわけです。

第*4*章　金融政策から見た経済

§ 1　マネタリーベースは源流である

　日本銀行から出ていくマネタリーベースが世の中のお金の元になっています。
では，マネタリーベースとは，何でしょうか。

教授　関東平野には利根川が流れています。この川は太古の昔から氾濫を繰り
返し，我がもの顔で太平洋に流れていきます。

　利根川の源流は谷川岳であるが，この源流に加えて，たくさんの支流が関東
平野で利根川に合流し，利根川は大河となって銚子で太平洋に流れ込んでいま
す。

学生　何で，利根川の話になるのですか。

教授　それは，お金の世界も利根川と同じだからです——お金が流れ出す源流
がある，お金の流れがピークを迎える時がある，時には，バブルのようにお金
が氾濫する経済がある——

お金が流れ出す源流はマネタリーベース(44)と呼ばれ，大河となって流れている本流はマネーストック（金融部門から経済全体に供給される通貨の総量)(45)と呼ばれます。

学生　先生がいま川の流れを説明しているところで出てきたマネタリーベースとマネーストックが，ことのほか大事だということですね。

教授　金融政策とは，マネタリーベースを動かす政策のことです。また，マネタリーベースが動くと世の中のマネーストックが動き，その変化が経済全体を動かします。

　マネタリーベースとは，日銀から銀行に供給されるお金のことです。

　日銀が銀行に供給しているお金は，日本銀行券と準備預金（日銀当座預金）です。

学生　日銀当座預金が皆目わかりません。わかりやすく説明していただけませんか。

教授　私たちが銀行に預金口座を開設して利用するように，一般の銀行は「銀行の銀行」である日本銀行に預金口座（日銀当座預金）を開設し，準備預金や余裕のある資金を預けています。

　日銀当座預金が潤沢なら，銀行はこの資金を取り崩して個人や企業などへの貸し出しを増やすことができるので，市場に多くの資金を流すことができます。

　日銀がマイナス金利を適用する前は，普通預金をした人々に対して銀行は0.02%の金利を払い，預金の一部を日銀の当座預金に預けていました。その金利は0.1%でした。

---

(44)　使う人の立場やケースによって，ベースマネーやハイパワードマネーと呼ばれることがありますが，同義です。
(45)　マネーサプライとも呼ばれています。

学生　マイナス金利が出てきましたので，聞きたいことがいっぱいあります。

普通は，お金を貸せば金利が付きますが，お金を貸した側（銀行）がどうして金利を払わなければならないのですか。

教授　2016年2月16日から，日銀当座預金の一部では，預けた銀行から0.1％の金利を取ることにしたのです。

学生　「日銀当座預金の一部に対してマイナス金利が適用された」とテレビのニュースでも新聞でも報道していましたが，どれもこれも「一部の中身とは何か」を説明しないのですが。

教授　日銀当座預金は，3つの部分からなります。基礎的な預金残高，法定準備預金の残高と超過準備の残高です。最後の超過準備の部分だけにマイナス金利が適用されたということです。

学生　ここが肝心な質問ですが，なぜマイナス金利政策を行ったのですか。

教授　銀行は，企業等に資金を貸し出さず日銀に預けている当座預金が増加していることから，この遊んでいる資金を市場に流す政策がマイナス金利政策です。

消費者や企業の資金借り入れ需要が弱まっていて，銀行は日銀の口座から資金を積極的に引き出さなかったことが原因です。

§2　マネタリーベースの仕組みはどうなっているのか

お金の源流は，マネタリーベースです。そこで，これからマネタリーベースが増える仕組みを学習します。その前に，日本銀行の資産と負債の学習をします。

```
                        日 銀 勘 定
        対 外 資 産              日 本 銀 行 券
        国      債              日 銀 当 座 預 金
        日 銀 貸 出              （法定準備金を含む）
                                政 府 預 金
```

【日銀勘定の説明】
（借　方）
対外資産とは，ドルや金のことです。貿易が黒字になったりすると増えます。
国債は，買いオペによって増加し，売りオペによって減少します。
日銀貸出は，日銀から銀行への資金貸し出しのことです。
（貸　方）
日本銀行券は，銀行券の発行高です。
日銀当座預金は，銀行が日銀に預けた当座預金と法定準備金です。
政府預金は，政府収入と政府支出の差額になります。

日銀の代表的な資産は日銀貸出，国債（対政府信用），そして対外資産です。
また，日銀の負債は日本銀行券，日銀当座預金と政府預金[46]です。

　貸借対照表（B/S）をイメージしてください。B/Sでは，資産と負債＋自己資本は等しいですよね。借方が資産，貸方が負債＋自己資本ですが，日銀の自己資本は小さいので単純化のために捨象して考えましょう。
　そうすると，日銀のB/Sは，

　　　　　対外資産＋国債＋日銀貸出＝日本銀行券＋日銀当座預金＋政府預金

となります。

　負債項目の日銀券と日銀当座預金がマネタリーベースと呼ばれます。よって，マネタリーベースは，

---

[46]　政府預金とは，政府が徴収した所得税や法人税などを日銀に預けている当座預金です。

$$\text{マネタリーベース}（\text{日銀券}+\text{日銀当座預金}）=\text{日銀貸出}+\text{国債}$$
$$+\text{対外資産}-\text{政府預金}$$

と表されます。

学生　上の式は，右辺の３つの資産項目と政府預金から，マネタリーベースの値が決まると，理解すればいいですか。

教授　そうです。そうすると，

　日銀の貸し出しが増えると，マネタリーベースが増えます。

　日銀の保有する国債が増えると，マネタリーベースが増えます。

学生　ちょっと待ってください。国債（対政府信用）が増えるとマネタリーベースが増えるのですか。

教授　国債などの政府が発行した債券を日銀が買い取ると日銀の金庫に国債が入ることになります。

学生　「債券を買い取る？」とは，どういうことですか。

教授　「買いオペ」を思い出してもらえばいいですね。

　つまり，銀行が保有する国債（債券）を日銀が購入すると，その国債は日銀の金庫に入り，資金は銀行に渡ります。

　・対外資産が増えると，マネタリーベースが増えます。

　・政府預金が減れば，マネタリーベースが増えます。

教授　対外資産とはなにか，覚えていますか。

学生　ドルやユーロ[47]，金などですか。

---

[47]　ユーロとは，ヨーロッパ25か国（欧州連合加盟国19か国，非加盟国６か国）で2002年から使用されている法定通貨です。

教授　そうですね。では，「対外資産が増える」理由は？

学生　それは，貿易収支が黒字になるとか，経常収支が黒字になるとかですね。

教授　正解ですが，もう一つの理由は日銀の為替市場への介入です。

学生　そうか？円売り・ドル買い介入などでドル（対外資産）が増えますね。

　ちょっと待ってください。政府預金はどうなっているのですか。また，政府預金にマイナスの符号がついていますが？

教授　政府預金は政府から預かっている預金ですから，日銀にとっては負債になります。政府が税金として徴収した金額より，公共事業などに支出した金額のほうが多いと政府預金はマイナスですから，－（－政府預金）＝＋政府預金となり，世の中に流れるお金が増えるということになります。

　以上のことをまとめます。

　まず，お金が世の中に出ていく湧き水（マネタリーベース）は，次の4つの場合に増えます。

　　①　日銀の貸し出しが増えた場合

　　②　買いオペによって国債が増えた場合

　　③　貿易が黒字の場合とか，円売り・ドル買い介入があった場合

　　④　公共事業などの政府支出が増加した場合

　各種の政策との関連では，

　①は，基準貸出金利の引き下げなどによる金利操作です。

　②は，買いオペなどによる公開市場操作⒇です。

　③は，為替市場への介入などの為替操作です。

⒇　公開市場操作（*Open Market Operation*）とは，中央銀行が国債などを売買して貨幣量や金利を操作することです。オペレーションとかオペとも呼ばれます。

┌───┐
｜　④は，公共投資などの財政支出拡大政策です。
└───┘

学生　こう見ると，金融緩和政策，つまりマネタリーベースを増加させる政策は，金融政策だけではなく，財政政策なども関連してくるのですね。

§3　マネタリーベースはコントロールできるのか

　マネタリーベースを増減することが可能であるならば，その手段とは何かを理解しておくことが必要です。

学生　川の源流には，雨も降るし雪も降ります。時には一滴の雨も期待できない時もありますよね。お金も，気象条件の変化と同じで，いろいろな状況が想定されるわけですね。

教授　想定される枠のなかで，経済環境に配慮して，いかなる手段を用いればベストなマネタリーベースのコントロールをすることができるか模索をする，それが政府・日銀の金融政策の腕の見せ所です。

学生　実際問題として，日銀の金融政策とはどれなのですか。

教授　銀行間の取引金利，いわゆるコールレートが日銀の基準貸付金利より，低い場合に必要があれば，他の銀行から借り入れればいいわけです。つまり，日銀の基準貸付金利がコールレートより高い場合には，金利を操作することは意味がなくなります。

　だが，金利はゼロ以下にはなりえないという経済通念をマイナス金利政策は打破したわけですから，これは一種の金利政策と考えられます。

学生　為替政策も問題がありますか。

教授　たとえば，円高・ドル安のときに，市場介入して，円売り・ドル買いを

行えば，為替レートが円安・ドル高になります。しかし，米国などは黙っていません。日本ファーストの市場介入には文句をつけるでしょう。政府・日銀としてもそこまでの勇気を持っていませんから，市場介入は日本の政府高官が口先介入[49]するほど簡単ではないのです。

このように，為替操作[50]は国際問題に発展する危険性をはらんでいるのです。

しかし，極端かつ急激な円高は，輸出関連企業の死活問題でありますから，こうした場合には，政府・日銀としても為替市場に介入せざるをえなくなるでしょう。

いろいろ問題がある中で，最も政策効果が期待できるのは，オペです。

たとえば，金融緩和策を採るなら買いオペ，金融引締め策を採るなら売りオペをすればよいのです。

買いオペが行われると，

→銀行に大量の資金が流れ込みます。

→銀行の貸出が増えます。

→個人や企業の借入が増えます。

→銀行への預金額が増えます。

→銀行の貸出額が増えます。

こうして，買いオペによって，銀行に入ったお金は預金が預金を生む作用（信用創造）によって，何倍かの資金に増殖し，金融緩和効果が期待できます。

---

[49] 口先介入とは，財務大臣などが「円高に対してはそれ相応の対応をする」などの発言を繰り返して，市場心理をコントロールしようとすることです。

[50] 意図的に自国の貿易を有利にするために為替を操作したとアメリカが認定した場合，その国は為替操作国に指定されることがあります。

§4　マネーストック

　これまで，日銀の資産と負債から，世の中に流れ出るお金の源流であるマネタリーベースとは何か，またマネタリーベースがどのような要因で増減するかを説明してきました。

　マネタリーベースに対して，川の本流に流れているお金は，マネーストックと呼ばれます。

　マネーストックとは，個人，企業と地方自治体が保有する現金と預金のことです。

学生　マネーストックをそんなに単純に定義してもいいのですか。webサイトで検索したら，M_1，M_3[51]とか，ごちゃごちゃ説明していますが。

教授　まあまあ，それはそれで。まずは，最も基本的なマネーストックの定義を理解しておくことが必要です。われわれは，森を見ています。一本一本の木をみるのは，森の様子が分かってからでいいのです。

学生　マネタリーベースが増加すると，マネーストックが増加する仕組みを分かりやすく説明してください。

教授　社会全体の現金や預金は，日銀→銀行→個人や企業へと信用創造のメカニズムを経て増加していきます。

　そのとき，政府・日銀の金融政策や財政政策によるコントロールからマネタリーベースが生みだされます。マネタリーベースが銀行に流れると，信用創造によってマネーストックが積み上げられていきます。こうした流れをトランス

---

[51]　現金と要求払預金の合計をM_1といい，M_1に定期性預金と譲渡性預金（CD）を加えたものがM_3です。

ミッション・メカニズム[52]といいます。

学生 トランスミッション・メカニズムは数式的に，あるいは会計的に確認できることですか。

教授 数式的にも会計的にも確認できることです。

　これから，その準備をしていきます。

§ 5　銀行は預金増殖マシーンである

　次の【設例】を考えてみましょう。

【設　例】

　銀行が，100万円の預金を預かるとどうなるでしょうか。このとき，支払準備率が10％であると仮定します。

　→銀行は，支払い準備率の10％（預金の1割）を金庫に保管し，90万円は貸し出します。

　→90万円の借り手は，銀行に預金をします。

　→この銀行も9万円を金庫に入れ，81万円を貸し出します。

　同じ関係が継続していくと仮定します。

　数値例による結果では，100万円の最初の預金は，預金が預金を生む信用創造のメカニズムによって最大で1,000万円の資金に膨れ上がります。

学生 銀行は，預かった預金の一定割合を金庫にいったん保管し，預金者の引き出しに備えるのだと思いますが，実際にはその支払準備率は何％ぐらいなのですか。

教授 多くて1％ぐらいだと思います。ですから，理論上の最大値として，支

---

[52] トランスミッション・メカニズムとは，日本銀行の金融政策によって銀行や企業に資金の流れが波及していく仕組みのことです。

払準備率の逆数倍[53]である100倍まで預金総額を膨らませることができ，この信用創造の倍率を信用乗数といいます。

　しかし，個人や法人が現金を選択するか，預金を選択するかによって，信用創造による預金創出効果は異なってきます（この時の，現金と預金の選択比率を現金・預金比率といいます）。

学生　マネタリーベースは，マネーストックをどれほど増加させるのですか。

教授　そこには2つの変数があります。それは，準備率と現金・預金比率です。

　よって，

　　　　　マネタリーベース→(現金・預金比率，準備率)→マネーストック

という図式になります。

　現金・預金比率，準備率からなる算式を通貨乗数（信用乗数とも呼ばれます)[54]といいますが，現金・預金比率が小さいほど，通貨乗数は大きくなるのです。また，準備率が小さいほど，通貨乗数は大きくなります。

学生　日銀によってコントロールされるマネタリーベースが何倍かのマネーストックを増加させるメカニズムにおいて記憶にとどめておくべきことは何ですか。

教授　その一つが現金・預金比率です。

　人々が預金より現金を選ぶと，通貨乗数は小さくなります。

　預金は，預金を生むから現金より預金の割合が大きいほど，通貨乗数は大きくなってマネーストックを増加させる効果は大きくなります。

---

[53]　支払準備率をrとすると，支払準備率の逆数$1／r$が信用乗数です。

[54]　通貨乗数とは，マネタリーベースが1単位変化したときに，何単位のマネーストックが増加するかを表す乗数のことです。通貨乗数と信用乗数を同義に用いる人がいますが，ここでは厳密に分けて説明します。

学生　人々が預金から現金にシフトさせるのはどのような場合ですか。

教授　金融危機などによって経済的混乱が起こると人々が予測する場合などでしょう。

　不景気などで先が読めなくなると，人々の現金への選好が高まるのです。つまり，最も安全な資産に資金を集中させるわけです。これは，「質への逃避」と呼ばれる現象です。

　以上のことから，日銀によるマネタリーベースの供給→通貨乗数→マネーストックの供給となるのです。

学生　単純化すれば，最初に預かった預金がマネタリーベースで，創造された預金の総額がマネーストックなのですか。

教授　まさにそのとおりです。

§6　銀行の勘定をのぞいてみる

　民間銀行の資産と負債の代表的な勘定科目を考えてみましょう。そこから，銀行の役割が見えてきます。

学生　民間銀行のバランス・シートですか。

教授　そうですが，日銀のバランス・シートと同じように，銀行の資産と負債を考えてみます。日銀と同じように，単純化して資産が3項目，負債が3項目としてみましょう。

学生　これから重要な説明があると思いますが，民間銀行はどういった仕事をしているのかをまず教えてください。

教授　銀行の仕事（業務）は，3つあります。

　個人や企業，公共機関に対して，預金業務，為替業務，と融資業務がありま

す。

> 　預金業務では，普通預金や定期預金などを預かり，利子を支払う仕事を
> しています。
>
> 　融資業務では，住宅ローンやマイカーローンなど必要な資金の貸出を行
> い，利子を受け取ります。
>
> 　為替業務では，国内だけでなく外国に送金したりする手助けをし，手数
> 料を受け取ります。

学生　そこまでは理解しましたが，先ほど先生が話し始めた銀行の資産と負債
についてお願いします。

教授　銀行のバランシートは負債から始めるのが分かりやすいと思います。

　銀行の業務の一つに預金業務があります。

　お客さんから預金を預かることですが，普通預金などの要求払預金[55]，定期
預金などの定期性預金が代表的な預金です。

民間銀行勘定

金庫内現金	要求払預金
法定準備金	定期性預金 + *CD*
民 間 貸 出	日 銀 借 入

（借　方）
- 金庫内現金は，預かった預金の一部を引き出しに備えて金庫に保管しておくも
  のです。
- 法定準備金は，預かった預金の一部を日銀の当座預金に預けるものです。
- 民間貸出は，住宅ローンや設備資金など，個人や企業に融資するものです。

（貸　方）
- 要求払預金は，普通預金のようにいつでも現金に換えられる預金です。
- 定期性預金は，預けてから一定期間は現金に変えられない預金で，一般的には
  定期預金と呼ばれています。
- *CD*は，譲渡性預金と呼ばれ，一口1,000万円の大口の定期預金です。
- 日銀借入は，日銀からの資金の借り入れです。

---

[55]　要求払預金とは，預金者が銀行に払い戻しを要求すれば，いつでも支払われる預金
　のことです。

学生　それから，*CD*とありますが。

教授　*CD*とは，譲渡性預金（*Certificate of Deposit*）のことで，無記名の定期預金，主として法人が行う定期預金です。この預金証書に限って，預金証書の売買が可能なのです。

学生　*CD*が定期預金の一種とは知りませんでした。

教授　企業経営者や銀行マンでないと，普通は知りませんよ。

　日本では，1979年に取り扱いが始まった大口定期預金（現在は，原則1口1,000万円）で，企業の余剰資金が銀行に流れる切っ掛けになりました。この定期預金の最大の特徴は，満期までは解約できないが，満期以前に証書が自由に売買できることです。

　もう一つの代表的な負債としては，日銀からの借り入れです。

　日銀借入は日銀貸出の相手勘定で，民間銀行が日銀の基準貸付金利（従来の公定歩合）で資金を借り入れる勘定です。

　まとめますと，銀行の負債は，要求払預金，定期性預金，*CD*と日銀借入です。

学生　そうすると，次は銀行の資産ですか。

教授　銀行は預かった預金の一定割合を金庫の中に入れておきます。

　それは，いつお客さんが預金を引き出しに来るかもしれないので，金庫にそれなりの現金を保管しておく必要があります。

学生　どのくらいの金額を保管しておく必要があるのですか。

教授　経験則からは，預かった金額の1％ぐらいです。これは金庫内現金と呼ばれています。

　この金庫内現金を預金額で割って，100を掛けた値がいわゆる支払準備率に

あたります。

学生　それから，預かった預金の一部を日銀に預けなければならないのですよ
ね。

教授　法定準備金です。銀行は，お客さんから預かった預金の１％ぐらいを日
銀に法定準備金として預けなければならないことになっています。

　法定準備率を１％などといいましたが，実際は銀行の規模や預金額などに
よって多種多様です。単純に，１％などとなっていないのです。また，法定準
備金を預金額で割って，100を掛けた値が法定準備率になります。

学生　銀行の資産は，金庫内現金，法定準備金，もう一つは何ですか。

教授　銀行の仕事のうち，打出の小槌は，融資（民間貸出）です。

　低い利子でお客さんからお金を預かり，高い利子で貸し付け，その利ザヤを
稼ぐ。

　これが銀行の商売です。

学生　そうすると，銀行の第三の資産は銀行の民間への貸し出しですか。

教授　銀行の資産のほとんどが銀行の個人や企業への貸出です。

学生　日銀と銀行の勘定の主たる内容を理解しましたが，ここからどうなるの
ですか。

教授　ここからが大切なのです。

　日銀と銀行の勘定を合計するのです。

　資産は資産で合計し，負債は負債で合計します。

　そうして，出てくる勘定をここでは金融部門勘定(56)と呼びますが，一般的に

---

(56)　マクロ経済では，国民経済を５部門に分割しています。個人部門，企業部門，金融
　部門，政府部門と海外部門です。

はマネタリーサーベイといいます。

学生　金融部門勘定を作成するときに注意することがありますか。

教授　日銀貸出と日銀借入は互いに相殺されます。

　法定準備金は相殺されます。

　日銀券と金庫内現金の差額は，金融部門勘定の負債項目で現金となります。

金融部門勘定	
対 外 資 産	現　　　金
国　　　債	要求払預金
民 間 貸 出	定期性預金 + CD
	政 府 預 金

　金融部門勘定の勘定科目はすでに説明してありますので，ここでは金融部門勘定の読み方をまとめます。

　貸方の現金，要求払預金と定期性預金 + CD を合計すると，マネーストックとなります。

　マネーストックは個人，企業，と地方自治体の保有する現金と預金で，いわゆる民間で流通している貨幣の総額です。

学生　金融部門勘定から，次のことが分かりますね。

　対外資産が増える（貿易収支が黒字になる），国債が増える（買いオペをする），民間貸出が増える（住宅ローンなどの貸出をする）と，マネーストックが増える。

　さらに，政府預金が減る（財政支出をする）と，マネーストックが増える。

§ 7　伝家の宝刀を

　日銀勘定，民間銀行勘定と金融部門勘定がすべて出そろいました。それらを思い出しながら，金融政策の話を進めます。

学生　買いオペについて，大まかな内容は教えてもらっています。ここで，もうちょっと具体的に教えてください。

教授　政府は収入不足（30兆円ほど）で，赤字が恒常的に続いています。

　それでも，政府収入は70兆円ほどしかなく，歳出は100兆円ですから，歳入不足分を埋めなければなりません。

　どうするのですか。

学生　政府は，国債を発行して，金融機関に買い取ってもらい，30兆円の資金を調達するわけですよね。

教授　日本版プライマリーディーラー制度といわれる国債市場特別参加者（財務省が国債に関して特別な資格を付与した金融機関）制度によって，公募入札により金融機関等が国債を買い入れます。

学生　だいぶ回り道をしていますが，肝心な買いオペはどうなったのですか。

教授　景気が一向に回復しない，手形が不渡り[57]になった，原材料の仕入れ資金が間に合わない，ローンに頼るしかないなど，世の中が不況にあるとき，政府・日銀に託されている伝家の宝刀があります。それが買いオペです。

---

[57]　手形は，その満期時に銀行口座から支払うべき金額が引き落されます。もし，残高不足になると引き落としがされず，すなわち支払いが行われないことになります。これを手形の不渡りといい，すべての金融機関に通知されます。

　　さらに，取引慣行上，手形不渡りが2回続くと銀行取引が停止となり，その会社は『事実上の倒産』となります。

学生　先生の説明は前提が長すぎますよ。僕が代わりに説明します。

つまり，銀行が持っている国債などの債券や手形を日銀が買うわけです。そうすると，日銀には国債等が，銀行には現金が入ります。

日銀は国債が入りますから，マネタリーベースが増え，現金が増えます。

銀行には現金が入りますから，銀行貸し出しが増え，金利は低下し，個人や法人の借り入れが増えます。

買いオペは金融緩和の政策手段，売りオペは金融引き締めの政策手段です。

教授　金融政策は，マネーストック重視の金融政策と金利重視の金融政策があります。

マネーストックが増えますと金利も下がりますから，結局は両者とも金利が政策の要になっているのです。

学生　これまでの復習をかねて，私のマクロ経済学の知識を披露していいですか。

政府は，財政赤字になると国債を発行し資金を調達します。その資金を利用して公共事業などを行います。そうすると，有効需要が増え，雇用が拡大します。こうして景気が良くなります。

ところが，総需要管理政策によってインフレになったとき，金利を上昇させたりして民間投資にブレーキを掛けたりします。

教授　これまでの説明をしっかり受け止めてくれましたね。

◨　現代貨幣理論とは何だ

マクロの重大な問題に対して，財政赤字が累積し財政の硬直化[58]を招くとの批判があります。ここにきてわれわれを驚かす新理論が登場したのです。それが，現代貨幣理論（*MMT*）と呼ばれる理論です。

---

(58)　財政の硬直化とは，国債費（借金の返済と利払い）が膨らみ，自由に予算を組んで必要な政策を行うことが困難になることです。

学生　ぜひ*MMT*のエッセンスを教えてください。

教授　*MMT*の前提条件は2つあります。

①　ある国の中央銀行が，その国の通貨を発行できれば，あらたに通貨を発行して国債を買えばよい。

②　過度なインフレにならない限り，国債を発行し続けてもよい。

学生　ケインズ理論のコピーのような感じがしますが。

教授　確かに。ケインズは，不況では財政支出の規模を拡大すべきだ，そして景気が回復したら財政赤字を削減するために増税を行うべきだ，と主張しています。

　だが，ケインズといえども際限なく国債を発行していいとは言ってない。

学生　この問題は，簡単に言ってしまえば金利と成長率の大小関係が問題ではないですか。

教授　そうですよ。金利が成長率を上回れば，際限ない国債は政府の手足を縛ることになります。

　金利は政府債務の代理変数で，成長率が*GDP*の代理変数ですから，金利の方が経済成長率より高ければ，政府債務の規模が*GDP*を上回ることになります。これらの乖離幅が拡大することは，持続的経済発展の危機をもたらします。

学生　日本の財政は悪化していますよね。それで，政府はプライマリーバランスを黒字にしたいといっていますが，そもそもプライマリーバランスとは何ですか。

教授　プライマリーバランスとは，基礎的財政収支のことですが，国債などの借入金を除く税収から，国債費などの経費を除いた支出を差し引いた収支のことです。

　私の家計では，給料が30万円で家族の生活費が25万円ですから，プライマ

リーバランスは黒字です。しかし，来年から住宅ローンの支払いが毎月10万円なので，プライマリーバランスは赤字になってしまいます。

学生　先生の家計は大丈夫ですか。

教授　大丈夫ではないでしょう。

　ここで，長期的に見れば，ローン金利と昇給率が問題になります。昇給率よりローン金利の方が高い状態が続いたら，家計は火の車です。将来，破綻するかもしれませんね。

学生　先生が説明をシンプルにするために，先生の台所の事情を引き合いに出してくれたのでわかってきました。急進的な*MMT*についてのこれからの批判や発展に耳を傾けていきたいと思っています。

§8　金融政策とマネーストック

　マネーストックを増減させる政策手段が金融政策です。金融政策を施行することによってマネタリーベースが動き，マネタリーベースが動くとマネーストックが動く，このシステムを明らかにしていきます。

教授　これまで，日銀の資産と負債から，世の中に流れ出るお金の源流であるマネタリーベースとは何か，またマネタリーベースがどのような要因で増減するかを説明してきました。

　マネタリーベースに対して，川の本流に流れているお金は，マネーストックと呼ばれます。

　もう一度確認しますが，マネーストックとは，個人，企業と地方自治体が保有する現金と預金です。

学生　マネーストックの厳密な分類や定義はいいのですか。

教授　前にも言った通り，最も基本的なマネーストックの定義を理解しておくことが必要です。われわれは，森を見ています。木をみるのは，森の様子が分かってからでいいのです。

　ケンブリッジ大学のアルフレッド・マーシャル[59]は，まず森を観察せよ，それから森に入って森の生態を研究せよ，とたぶん言ったと思う。

学生　本当ですか。

教授　マネタリーベースが増加すると，マネーストックが増加します。そのメカニズムが信用創造です。

　しかし，個人や法人が現金を選択するか，預金を選択するかによって，信用創造による預金創出効果は異なってきます。

　例えば，金融不安が発生すると，銀行が倒産して預金を引き出せなくなることを恐れ，われ先にと預金を引き出そうとします（これを「取り付け騒ぎ」といいます。)。

　そうしたことから，マネタリーベースがマネーストックをどれほど増加させるかを決める変数があります。それは，支払い準備率と現金・預金比率です。

　よって，

　　マネタリーベース増→（現金・預金比率，支払準備率）→マネーストック増

という図式になります。

　現金・預金比率，支払準備率からなる算式を通貨乗数といいますが，現金・預金比率が小さいほど，支払準備率が小さいほど，通貨乗数は大きくなります。

---

[59]　アルフレッド・マーシャル（1842-1924）は，ケンブリッジ大学教授で，主著は『経済学原理』（1890）です。ケインズはマーシャル教授から週1回，2カ月ほどの個人指導を受けたようです。

学生 われわれが金融危機の危険性が高まったと判断し，預金の引き出しをすると マネーストックが減少していくということでしたね。

教授 それが，現金・預金比率を高めることになるのです。

通貨危機だ，金融危機だと騒がれたとき，量販店の入り口には何が山積みされたと思います？

学生 さあー何ですかね。

教授 家庭用の金庫です。

金庫を手に入れて，預金を引き出し，金庫で現金を保管したのです。

学生 それでは余計に景気を冷やすのではないですか。

人は合理的に判断し，行動しているように僕は理解していましたが，意外に不合理に行動していますね。石油危機のトイレットペーパー騒動をはじめとして意外な不合理な行動が目立ちますね。

教授 話を元に戻すと，日銀によるマネタリーベースの供給増は，通貨乗数を介して，マネーストックの供給を増加させることになるのです。

学生 単純化すれば，日銀が供給したマネタリーベースで創造された預金の総額がマネーストックなのですか。

教授 まさにそのとおりです。理論はシンプルに理解しておくことが一番です。

日銀によるマネタリーベースの供給が信用創造を通じてマネーストックを生みだすということです。

◨ マネタリーベースとマネーストックの関係はどうなっているのか。

教授 金融政策の総まとめをしてみましょう。

> マネタリーベース(MB)＝現金(C)＋預金準備金(R)……………①
>
> マネーストック(MS)＝現金(C)＋預金(D)………………………②
>
> ここで，②式を①式で割ると，
>
> $$MS \diagup MB = (C + D) \diagup (C + R)$$
>
> となります。さらに，両辺にMBを掛けると，
>
> $$MS = (C + D) \diagup (C + R) \times MB ……………………………③$$
>
> となります。

学生　なんとなく，そのプロセスが分かります。

さらに，展開があるのですね。

教授　③式の右辺にある

$$(C + D) \diagup (C + R)$$

の分母・分子をDで割ります。

ここで，$C \diagup D = a$（現金・預金比率），$R \diagup D = \beta$（預金準備率）としますと，③式は，

$$MS = (a + 1) \diagup (a + \beta) \times MB$$

となります。下線を引いたところが通貨乗数（m）です。

さらに，マネタリーベースが増加する（ΔMB）[60]と，マネーストックの増加（ΔMS）は，次のように表されます。

$$\Delta MS = (a + 1) \diagup (a + \beta) \times \Delta MB ……………………………④$$

④式は，次のようにイメージ化できます。

---

[60]　ΔMBやΔMSに付けられている記号Δはデルタと読み，変化分（増加分や減少分）を表わすときに使います。

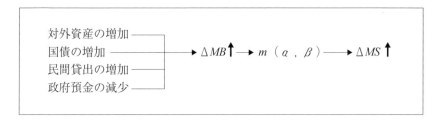

🖳　通貨乗数は変化する

学生　通貨乗数は，一定ということではないのですか。

教授　通貨乗数は，現金・預金比率の変化や預金準備率の変化によって大きく変化します

　また，通貨乗数が変化しますと，政府・日銀のマネタリーベースの変更を伴う金融・財政政策の効果に大きく影響します。

学生　通貨乗数の求め方を具体的に説明してもらえると，助かるのですが？

教授　現金・預金比率が $a = 0.1$，預金準備率が $\beta = 0.1$であれば，通貨乗数（m）は，

　　　$m = (0.1 + 1) / (0.1 + 0.1) = 5.5$

です。

学生　このとき，現金・預金比率が0.2に上昇すれば，通貨乗数 m はどうなるのですか。

教授　計算してみましょう。

　　　$m = (0.2 + 1) / (0.2 + 0.1) = 4$

　通貨乗数が4に下がってしまいました。何でこうなってしまったかというと，現金・預金比率が，金融不安から上昇したためです。

　金融危機で銀行が破綻するかもしれません。そうすると，預金の保証は1,000万円までです。

　リスクをできるだけ回避するために，預金から現金に金融資産をシフトする人が多くなります。

　それが現金・預金比率を高め，金融政策効果を弱めるのです。

学生　そういうことですか。金融の世界も逆に回るとスパイラル現象が発生するのですね。

　反対に，景気が回復すると，現金から預金へのシフトが起き，現金・預金比率が低下して緩和効果が大きくなるわけですね。

教授　なぜ景気が回復すると，現金から預金へのシフトが起こるのですか。

学生　それは，景気の回復とともに金利が上がるでしょう。そうすると，現金で資産を保有しておくことは機会費用を増加させるからです。つまり，得られるはずの利息をみすみす逃してしまうからです。これもリスク回避なのですね。

教授　通貨乗数には預金準備率βが含まれています。このβをコントロールする金融政策が預金準備率操作です。

　ベータを小さくすればmは大きくなり，βを大きくすればmは小さくなります。

　つまり，預金準備率を引き下げ（引き上げ）れば，貨幣乗数が大きく（小さく）なり，マネーストックを増加（減少）させる効果を発揮します。

🖳 銀行の民間貸出

教授　日銀によってマネタリーベースがコントロールされ，信用乗数を通じてマネーストックが変化します。ここで，民間銀行の最大の資産に民間貸出がありますが，銀行が民間貸出をするかどうかは何をもって判断すると思いますか。

学生　コールレートですか。

教授　正解ですね。

　コールレートが基準貸付金利より低いときは，インターバンク市場[(61)]で資金の運用をせずに，民間への貸出を増やした方が収益を高めることができます。よって，銀行の民間貸出が増えます。

　コールレートが市場金利より高ければ，インターバンク市場で資金の運用を行い，民間への貸出を減らす方が合理的な行動といえます。この場合には，銀行は民間貸出を減らすと考えていいでしょう。

---

(61)　インターバンク市場とは，市場の参加者が金融機関に限定された市場のことで，手形市場とコール市場があります。コール市場での資金の貸借の金利がコールレートです。

金利から見た経済

第 5 章

【本章のねらい】

　経済を身体にたとえると，金利は経済の血圧です。高くなりすぎるとリスクが高まり，低くなりすぎてもリスクは高くなります。いまや，ゼロ金利からマイナス金利へと異常な事態になっています。

　金利を決定するのは，貨幣の需要と供給です。

　これまで，社会に貨幣が流通していく仕組みを考えてきました。日銀がマネタリーベースを供給しますが，貨幣の需要がなければ，銀行からの貨幣の供給は少なくなります。

　そこで，これからは人々が貨幣を選好する（貨幣を需要する）理由について考えていくことにします。

---

§1　人々は，なぜ貨幣を必要とするのか

　われわれの目的は，金利がどのように決定され，どのような経済要因の変化によって金利も変化するかを見ることです。そこで，これまで貨幣の供給ルートを整理してきました。これからは，貨幣の需要について考えます。預金をすると利息が貰えるにもかかわらず，貨幣のまま保有すると利息は貰えない。それにもかかわらず，人は貨幣を手元に保有するのはなぜでしょうか。

学生　「貨幣を需要する」とは，分かりやすくいうと，どういうことですか。

教授　財やサービスを買うためには，貨幣を手元に保有することが必要です。

手元に貨幣を保有しようとすることを，貨幣を需要するといいます。

　もっと具体的に言うと，財布にお金を用意しておくということですね。

　貨幣はいつでもどこでも財やサービスの購入に用いることができます。

　この貨幣の持つ利便性をケインズは流動性[62]と呼んでいます。

　さらに付け加えると，貨幣は流動性に，需要は選好に置き換えることができます。そこで，ケインズは貨幣需要を流動性選好と呼びました。

学生　ケインズは，貨幣需要の動機がいくつかあると説明しているようですが。

教授　そう，人々が貨幣を必要とする（貨幣を需要する）理由は３つあります。

取引のための貨幣が必要である

「カネがなくては，取引はできぬ。」

　日常の経済取引は，絶え間なく続いています。財やサービスを購入するためには，貨幣を支払うことになるから，貨幣の保有が必要になります。これを取引動機による貨幣需要といいます。

不測の事態に備えて

　われわれは，不確実な社会で生活しています。

　いつ，何が起こりうるかは予想できません。そんな世の中でわれわれは生活しています。万が一の事態に備えて貨幣を手元に保有しておくことが不可欠です。まさかに備えて貨幣を保有する動機を予備的動機による貨幣需要といいます。

学生　取引や予備のための貨幣需要を変化させる原因となる変数は何ですか。

教授　一言でいえば，所得ですね。

---

[62]　流動性とは，貨幣については財やサービスとの，財やサービスについては貨幣への，交換のしやすさのことをいいます。

経済活動が活発になると，

　　→経済取引が増えます。

　　→*GDP*が増えます。

　　→貨幣需要が増えます。

　つまり，経済活動が活発になって所得が増えると，取引のための貨幣需要が増えることになります。

📖　貨幣で貨幣を増やす

貨幣は資産です。

　しかし，放っておいては，貨幣は増えません。資産であるから増やすことができるのです。

　貨幣を資産として運用する，そのチャンスが来るのを待つために貨幣を保有するのです。

　われわれは，資産を貨幣で保有するか，それとも債券[63]で保有するか，冷静に考えなければならないのです。

学生　資産を貨幣か債券かに選択させる基準はなんですか。

教授　それは，金利です。

　金利が下がってくると，

　　→債券の価格が高くなります。

　　→これからは債券の価格が下がるしかないと予想します。

　　→債券で保有していると損をすることが予想されます。

　　→債券を売って現金にしようとする，すなわち貨幣需要が増加します。

　つまり，金利が低下するにつれて貨幣需要が増加します。こうした貨幣需要を投機的動機による貨幣需要といいます。

---

[63]　ケインズは，債券の他にも金融資産はさまざまあるが，話を単純化させるため，債券を代表させて説明するとしています。

学生 今の先生の説明，あまりよく理解できませんでした。

教授 要は，金利が低くなれば，手元に現金のまま資産を保有しておくのが賢いやり方だということですね。

ケインズはこんなことを言っています。

「ジョンブル（典型的なイギリス人）はなんでも我慢するが，2％の金利には我慢できない。」

これは，金利が2％ほどに下がってしまうと，投資家は投資よりもむしろ貨幣保有の動機を強めることになるという意味です。つまり，投資をする気になれないということでしょう。

金利が高いとき，貨幣のままであれば機会費用が増加します。例えば，金利が高い水準にあって債券に投資する機会があるにもかかわらず，現金のまま保有していると，みすみす金利収入を失うことになります。その損失分が機会費用です。

このことから，金利が高ければ高いほど，機会費用は増加するのです。

そのため，金利が高くなればなるほど，機会費用の損失分の増加を回避するために，貨幣保有を減らすことになります。換言すれば，流動性選好を弱めるということになるのです。

学生 機会費用というのは，どのような場合にも発生しているのですか。

教授 いい質問だね。経済学は，極論すると機会費用の学習ですよ。

コンビニでバイトをすると，時給1,000円稼げるとします。

このとき，バイトを休んで，1時間マクロ経済学を勉強すると，1,000円の費用が掛かっています。なぜなら，マクロ経済学の授業は棚上げにして，バイトをすれば1,000円稼げるからです。

ではなぜ，バイトを休んでまでマクロ経済学の学習に時間を使おうと考えるのでしょうか。それは，マクロの学習は少なくとも，あなたにとって1,000円

以上の便益をもたらすと判断したためでしょう。

§2　流動性のワナ

　人々は，なぜ貨幣を手元に置くのでしょうか。

　一つは取引のために，もう一つは，債券などに投資するためです。

　金利が下がる局面では，投資に用いるための貨幣保有は増加するが，金利が極端な水準まで低下してくると，ほとんどの金融資産は貨幣に変えられます。

　なぜかというと，金利が極端に下がると，投資家（金利生活者）は投資資金を市場から引き揚げてしまい，貨幣を保有する行動をとるからです。この状況は「流動性のワナ」[64]と呼ばれています。

教授　モノの値段は，金額で表示されます。では，お金の値段は，何で表示されるのかな？

学生　ええ，お金の値段ですか？

　そ……れは，困りましたね。

教授　たとえば，円という通貨は，為替レートで表示されると考えられるね。そのほか，お金の値段は金利で表示されるんだ。

　トマトの値段がトマトの需要と供給で決まるなら，お金の値段である金利も貨幣の需要と供給によって決まります。お金の需要が多くなれば金利が高くなります。これは，もっと貸してくれという人が多くなるという意味だから，金利が高くなるのです。

　貨幣の需要は，流動性選好曲線で表されます。貨幣の供給量は，マネーストックで，中央銀行がマネーストックの供給量をコントロールします。

---

[64]　流動性のワナとは，極端に金利が低い水準になると，投資家は債券投資から手を引き貨幣保有を選好することをいいます。

ここで，貨幣の需要と供給から決定される変数が金利です。経済学では価格の変数は縦軸に，数量の変数は横軸で表されます。

学生　金利決定の図を描こうとしているのでしょうか。

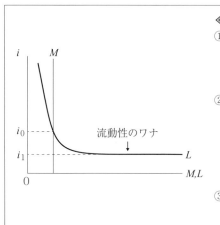

≪図の説明≫
① 垂直線Mは，マネーストックの水準を表しています。貨幣の供給線です。金融が緩和されますと，右に平行移動します。
② 右下がりのL曲線は，貨幣の需要曲線です。金利が下がると，貨幣の需要が増加しますから，右下がりになっています。金利がi_1まで下がりますと，資産のほとんどは貨幣での保有となります。
③ M線とL曲線が交差するところで金利（i_0）が決まります。

教授　流動性選好は，金利が下がると増加するから，右下がりのところがあります。でも金利が極端に下がってi_1になると，人々は資産をすべて貨幣と交換することが考えられますので，流動性の選好は無限大になります。この時に，流動性選好曲線（以下，貨幣需要曲線）は横軸に平行になります。上の図の水平になっている部分が流動性のワナです。

　貨幣の供給は，中央銀行が金利に関係なく決定します。よって，貨幣供給曲線は垂直線となり，貨幣量はMに固定されます。

　そうすると，右下がりの需要曲線と垂直の供給線から利子率はi_0に決まります。

　しかし，金利水準が流動性のワナの領域にあると，貨幣供給量を増やしても減らしても金利は変化しないのです。

学生　金融緩和がもたらす効果はどうなりますか。

教授　日銀が買いオペを行ったとします。その目的は，貨幣量を増やして経済取引を活発にしようとするためです。グラフ的には，M_0より貨幣量を増やすことになります。そのために，垂直の供給線は右に移動します。すると，少なくともそれ以前の交点より右下の交点に移りますから，金利は低下することがわかります。これが金融緩和効果です。

学生　好景気は高金利といいますが。

教授　景気がいいとは，生産や消費が右肩上がりである状態です。

　好景気で，取引が活発になると，

　　→所得が増えて，取引のための貨幣需要が増えます。

　　→貨幣需要曲線は右にシフトします。

　　→需要・供給の交点は，上に移動します。

　　→よって，金利は上昇します。

学生　ケインズの流動性選好理論で特に注意しておかなければならないことがありますか。あるとすれば，それは何ですか。

教授　ケインズのマクロ理論は物価水準が変化しないことを仮定した短期理論です。そのため，ケインズの金利決定も短期理論です。

　ケインズによれば，不況の原因は金利生活者[65]が資金の提供に対して消極的になっているためだとしています。

　よって，不況を克服するには，金利生活者が投資にアクティブになることだ，ということです。

---

[65]　金利生活者とは，預金や債券の利子収入や株の配当収入等で生活している人々のことです

§ 3 イールド・カーブとは何か

　金利には短期の金利と長期の金利があります。両者の関係はどのようになっているのかを明らかにしてみましょう。

学生　短期金利と長期金利の関係が知りたいのですが，よろしいですか。

教授　通常1年未満の金利を短期金利，1年以上の金利を長期金利といいます。

　長期金利はどう決まるかというと，短期金利の平均値に流動性プレミアムを加えた金利となります。

　お金を投資する人は，お金を手放すわけですから，手放す分のお金を使うことはできないですよね。

　つまり，債券を保有することは流動性を犠牲にすることです。

　だから，犠牲にした流動性の見返りが必要です。これが流動性プレミアムなのです。

学生　そうすると，満期が長い債券は，流動性プレミアムが大きくなるということですね。

教授　そうです，だから，長期金利は高くなる傾向があるのです。

　よって，利回り（イールド）の変化をグラフに表しますと，多くの場合，イールドカーブは右上がりになります。この曲線を順イールドと呼びます。

　なお，景気の先行きが懸念されると，イールド・カーブは右下がりになります。これは逆イールド⒃と呼ばれます。

⒃　逆イールド・カーブは景気後退のサインであるといわれています。

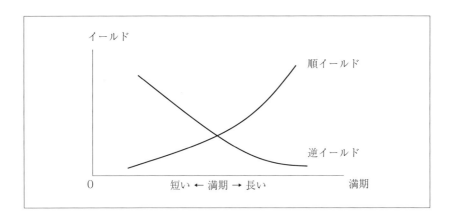

学生　国債は満期までの期間ごとに金利が異なるから，それらの金利をつなぐとイールド・カーブが得られるわけですね。そうすると，金利が下がり続けていくと予想されれば，逆イールド・カーブになるわけですか。

教授　そうです。日銀は，このイールド・カーブ全体を操作する金融政策を考えています。それが，イールド・カーブ・コントロールです。この操作を用いれば，市場で決まる長期金利さえもオペでコントロールできることになりますね。

🖥 オペレーション・ツイスト

教授　オペによって，市場の金利を操作できることは分かっているでしょう。ところが，金利には長期金利と短期金利があります。

例えば，短期金利を高めに，長期金利を低めに人為的に操作できるとしたら，まさに，マジックですよね。

学生　そんなことができるのですか。

教授　できるのです。この例だと，短期国債を売りオペ，長期国債を買いオペで同時に行うのです。これをオペレーション・ツイストといいます。

学生 すごいですね。

イールド・カーブを教えてもらいましたが，これだと期間が長くなれば長くなるほど金利は高くなるということですよね。

教授 一般的には，短期金利は低く，長期金利は高い，これ常識です。

ところが，オペレーション・ツイストはこの右上がりになるイールド・カーブさえ，ねじ曲げること（ツイスト）ができるということですね。

§ 4　モノからカネ，カネからモノへ

モノの動きはカネの動きに影響を与え，カネの動きはモノの動きに影響を与えます。

モノの世界での貨幣の流れは，産業的流通と呼ばれ，カネの世界での貨幣の流れは金融的流通と呼ばれることもあります。

産業的流通の世界では，カネとモノの取引が行われ，生産量が増え，所得が生まれ，所得は消費に使われます。所得がすべて消費になることは起こりえないので，貯蓄が生まれます。

記号的には，Y（所得）$- C$（消費）$= S$（貯蓄）です。

このお金の流れが産業的流通であり，市場的には財（商品）市場で流れます。

学生 財市場で，100分配されたものが80しか消費されなかったら，貯蓄（S）は20ですよね。この貯蓄はどうなるのですか。

教授 一部は銀行の預金となり，一部は株や債券への投資になります。

銀行や証券の世界はカネとカネの取引，つまり貯蓄は金融市場に流れます。

学生 個人が住宅を建てたい，企業が設備を増やしたい，こうした投資の必要性が生じたとき個人や企業は，投資資金をどこから調達するのですか。

教授　個人は銀行から借り入れるか，企業は銀行から借り入れるほか，債券や株を発行して証券市場から資金を集めることになります。

　この資金が投資資金として活用されて，財市場から漏れた貯蓄（S）が，投資（I）となって再び財市場に還流することになるのです。これによって，貯蓄は投資に等しくなります。こうした資金の流れを金融的流通と呼びます。

学生　財市場から出ていった貯蓄と財市場に還流した投資が同額であったら，それは何を意味するのですか。

教授　前期の経済水準と今期の経済水準が変わらないということです。

学生　では，$S < I$であったなら，どうなるのですか。

教授　これは，財市場から流出した貯蓄以上の資金が財市場に投資として還流したことです[67]。

　つまり，需要としての投資が供給としての貯蓄を上回ったことになるのです。

　超過需要の発生から生産増，雇用増さらには失業率の低下となり，景気回復への足掛かりとなるのです。

学生　現実的には，$S > I$でしょう。この場合には，どう解釈すればいいですか。

教授　貯蓄が投資を上回るということは，超過供給が発生していることです。超過供給は需要不足です。需要不足を埋めないと，経済は不況に突入することになります。

§ 5　われわれはケインジアンである

　『一般理論』は，2本の曲線にすぎない。

---

[67]　たとえば，外国から投資を受け入れているなど，開発途上国でよく見られます。

ケインズの『一般理論』が出版された翌年（1937年），オックスフォード大学のヒックス教授[68]が「エコノメトリカ」に発表した論文は衝撃を与えました。ヒックスは，『一般理論』が出版されて人々の興奮冷めやらぬとき，ケインズ理論を2本の曲線で説明しました。「ケインズ氏と古典派」がその論文です。

学生　2本の曲線とは，大胆な発想です。

教授　ヒックスのいう二本の曲線が，マクロ経済学の世界を大きく変えることになります。ケインズ個人から，ケインズ的な考えを持つ複数の学者グループ（ケインジアン）が形成されたのです。

🖳　二本の曲線で始まり，二本の曲線で終わる

教授　ヒックスの2本の曲線は，財市場を表すIS曲線と貨幣市場を表すLM曲線です。

　ヒックスの言う2本の曲線を，サミュエルソンは『経済学』の中で丁寧に，しかもわかりやすく解説しました。

　飛びついたのは，世界中の経済学に興味を持つ若者です。なぜかというと，マクロ経済学の体系と経済政策の効果が手に取るように理解できたからです。

学生　$IS \cdot LM$曲線がマクロ経済学の学習効果を挙げることに貢献したようですが，それ以前はどうだったのですか。

教授　たぶん一般学生は，ケインズの『一般理論』など，難解で，理解不能。

---

[68]　ジョン・リチャード・ヒックス（1904 - 1989）ロンドン大学，ケンブリッジ大学，マンチェスター大学，さらにオックスフォード大学などで学生の指導にあたり，ノーベル経済学賞を授賞します。ミクロ経済学では1939年に出版した『価値と資本』が有名です。
　　特に，マクロ経済学では，モノとカネの両市場から金利とGDPの同時決定モデル（$IS-LM$分析）を明らかにします。その分析手法を用いて，金融政策と財政政策の有効性と限界を分析するツールを提供しています。

研究者でさえ苦戦したようです。サミュエルソン以降，アメリカなどでケインズ理論の解説書がたくさん出版されて，少しずつケインズ理論の理解が進むようになりました。

学生　まとめると，最初はケインズの脳内だけにあった難解な学説が，まずヒックスによってグラフという目に見えるような工夫がなされ，さらにサミュエルソン[69]によって誰もがわかるように説明されたことでブレークしたということですね。

ポール・アンソニー・サミュエルソン（1915－2009）

　*MIT*の教授で，ノーベル経済学賞を授賞しています。1947年に出版した『経済分析の基礎』で有名になります。シャワーを浴びながらも3本の論文を読むというエピソードが残っているほどの努力家のお陰で近代経済学は大きく発展します。

🗐 *IS* 曲 線

学生　*IS*曲線を導く方法を教えてください。

教授　ヒックスは，財市場の変数は所得，貨幣市場の変数は金利であるとしました。

　グラフの縦軸は金利（*i*），横軸は所得（*Y*）を目盛ります。財市場のグラフ（*IS*曲線）は，金利と投資（*I*）と所得の関係から描くことができます。

　金利が下がると，

　　→投資が増えます。

---

[69]　ポール・サミュエルソンの名著『経済学』は，マクロ・ミクロの理論がいかにして政策と結び付けられるか，丁寧にしかも分かりやすく説いた類まれな教科書です。

→投資が増えると所得が増えます。

　よって，金利が下がると所得が増えるから，右下がりの曲線が描けます。これが*IS*曲線です。

▣　*L M* 曲 線

学生　*LM*曲線は，どのように描くことができるのですか。

教授　所得が増えると，

　　→貨幣の需要（*L*）が増えます。

　　→このとき，貨幣の供給（*M*）が変わらないとすると，金利が上がります。

　つまり，所得が増えると金利が上がります。

　この関係を描いた曲線が*LM*曲線です。

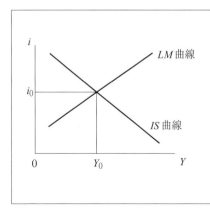

≪図の説明≫
① 　右下がりの曲線は*IS*曲線です。金利が下がると投資が増え，投資が増えると所得が増えますので，右下がりになります。
② 　右上がりの曲線は*LM*曲線です。所得が増えると，貨幣需要が増え，貨幣需要が増えると金利が上がりますから，右上がりになります。
③ 　*IS*曲線と*LM*曲線の交点で，金利と所得が決まります。

　グラフから分かるように，*IS*曲線と*LM*曲線が交差する点で，*i*（金利）と*Y*（*GDP*）が決まります。

　つまり，財の市場と貨幣の市場がバランスするときに，金融市場の金利と財市場の*GDP*が決定されるのです。

学生　どのような場合に*IS*曲線は右方にシフトするのですか？

教授　基本は次の3つですね。

消費が増えた場合，投資が増えた場合，それから政府支出が増えた場合です。

たとえば，総需要が増加しますと，

　　→*IS*曲線は右に移動します。

　　→金利は上昇し，*GDP*は，増加します。

学生　供給曲線に当たる*LM*曲線が右にシフトするのはどのような場合ですか。

教授　*LM*曲線が右にシフトする場合は，マネーストックが増えた場合，さらに所得が増えた場合などです。

　たとえば，日銀が金融緩和政策を行うと，

　　→マネーストックが増加します。

　　→*LM*曲線は右下方に移動します。

　　→金利が下がり，*GDP*が増加します。

📖 財政政策

学生　アメリカのニクソン大統領が「われわれは，すべてケインジアン[70]である」といったようですが，それほどまでにケインズ・インパクトが強かったのですか。

教授　戦後，マクロ経済学を勉強した学生は，*IS*・*LM*理論に夢中になっていました。

　なぜかというと，誰もがケインジアンになったつもりになっていたからです。

　また，*IS*・*LM*分析は理論と実際の橋渡しがなされた手法であったからです。

　もう一つは，グラフ１枚で政策効果が可視化されたからです。

　これって大事なことなのです。

　マクロの学習を続けていても，「この理論，何の役に立つのか？」という壁

---

[70]　ケインジアンとは，ケインズの経済理論に賛同している人々のことです。

にぶつかります。

　ところが，減税をすればこうなりますよ，金融緩和をすればこうなりますと，政策の効果がつかめると，学習へのインセンティブ[71]が高まります。

　たとえば，公共事業の効果を考えるとき，公共事業の増加→IS曲線の右方シフト→金利の上昇・所得の増加，との結論が出ます。

　しかし，必ずそうなるかといえば，首をかしげることも時にはあります。

　それは，経済の環境が変わってくると，影響や効果が変わることがあるからです。

学生　公共事業の結果，金利が上がってしまっては，元も子もないのでは？

教授　なかなか，鋭い。

　公共事業によって金利が上がると，投資が減少します。

　投資の減少は，負の乗数効果[72]から所得を減少させます。

　これを，クラウディングアウト効果といいます。

　クラウディングアウト効果とは，公共事業の増加が政府の経済活動の領域を広めるが，民間企業の活動の領域を狭めることを意味しています。

　結論的には，公共事業による所得増分とクラウディングアウトによる所得減少分，両者の差額分が公共事業の経済効果になります。

学生　つまり，公共事業，公共事業と叫んでいる割には，あまり効果がない。

　公共事業は政治家の実績を上げる手段に過ぎないのではないのですか。

教授　ケインズの時代には，金融市場が機能していなかったために，公共事業で金利が上がる心配はなかったわけです。しかし，現在は，金融システムが整備され，モノとカネの市場がリンクしている環境では，まさにクラウディング

---

(71)　インセンティブとは，意欲向上や目標達成のための刺激のことです。

(72)　負の乗数効果とは，投資や政府支出が減少したため所得が減少することです。

アウト効果を無視するわけにはいかないでしょう。

🔲　金 融 政 策

教授　買いオペのような金融緩和政策を行うと，

　　→マネーストックが増加します。

　　→LM曲線が右方にシフトします。

　　→その結果，金利は低下し，所得は増加します。

　大まかに言ってしまうと，マネーストックを増加させる政策のすべてが同じ効果を持つと考えていいでしょう。

学生　物価が上がると，お金の価値は減りますよね。であれば，物価が上がるとマネーストックの価値は下がりますか。

教授　マネーストックを物価水準で割った値は，実質マネーストック（これは国民の財，サービスに対する購買力を表わしています。）といいます。

　物価が上がれば，実質マネーストックは減少しますから，LM曲線は左方にシフトし，金利が上昇，GDPは減少します。

§ 6　国債の価格と金利

　国債の価格と金利は逆に動きます。国債の価格が上がると金利が下がり，国債の価格が下がると金利が上がります。なぜそうなるのでしょうか。

学生　政府はいろいろな経済活動をしていますが，そのための資金は国民から徴収した税金ですか。

教授　そうですが，税金だけでは活動資金が足りないために，国民から借金しています。その借金が国債です。国は国債を国民に買ってもらう代わりに利子を払います。

学生　国債と景気は，何か関係があるのですか。

教授　不景気の時には株価が下がりますから，人々は信用リスクが最も低い国債を購入したがります。そのため，不景気の時には国債の価格は上がり（金利は下り）ます。

　逆に景気が上向きであると，株などの金融商品の人気が高まるために，国債は売られてしまいます。好景気の時には国債の価格は下がり（金利は上り）ます。

　だから，国債の価格と金利は景気のバロメーターなのです。

学生　国債のことについて，基本的なことをまず教えてください。

教授　国債も債券ですので，新しく発行される新発債とすでに発行されている既発債があります。

　新発債の販売価格を発行価格といいます。国債の場合は，表面利率（期間ごとに支払われる利子のことです）を政府が決め，価格は入札によって決まります。

　すでに発行された国債を売買する市場（国債流通市場）では，国債の需要と供給で既発債の価格が決まります。

　国債の償還日が近くなると，国債の価格は額面価格に近くなっていきます。

　発行価格より安く国債を買ったとき，購入価格と額面金額の差が大きければ大きいほど投資家の利益は大きくなります。

　なお，国債の利回りは次のように計算します。

　　　　〔表面利率＋（額面金額－購入金額）÷残存期間〕

　　　　÷購入価格（×100）＝利回り（％）

　国債のように，定期的に利子が支払われ，満期には元本が返済される債券を利付債券といいます。

学生　以前から疑問に思っていることがあります。

　「債券の利回りは，債券の価格と逆の動きをする」ということが理解できな

いのですが，お願いします。

教授　数値例で，確認してみますね。

佐藤さんが100万円で国債を買いました。

国債の金利が2％とします。

毎年2万円の利子を受け取ることができます。

佐藤さんが国債を購入してから，10年たちました。

投資した額面金額の100万円が償還され，10年間に受け取った利子の総額は20万円で1年当たりの利子は2万円，購入金額と額面金額は100万円で同じなので（差額はゼロなので），利回りは年利率の2％と等しくなります。

前の例と同じで，国債の金利は年利率2％です。

不景気になり，投資家は株式投資から，国債への投資に資金をシフトしています。

国債の人気が高まり，国債の価格は105万に上がりました。

佐藤さんは，105万円の国債を購入し，10年間国債を持ち続けます。

それから，10年たちました。

満期には額面金額の100万円が償還され，10年間に受け取った利子の総額は20万円（1年あたり2万円）で，ここまでは同じです。

しかし，購入金額と額面価格の差額は5万円の損となります。1年あたり5,000円の損になります。

よって，1年あたりの利益は，利子の2万円から5,000円を差し引いた15,000円になります。

そうすると，投資額（購入金額）105万円に対する利回りは，年利益15,000円／投資額105万円＝0.01428から，1.428％となります。

学生 わかった！金利の上昇が予想されるときに，国債の価格が下がると，テレビでエコノミストが説明しているのは，これなのですね。

教授 だから，国債を保有している人は，国債の価格が下がる前に国債を売ってしまうのです。その資金で，他の金融商品を購入するのです。

　結論的には，国債の人気が落ちれば，国債の価格が下がり，利回りや長期金利が上がるのです。

学生 これこそは社会に役立つノウハウですよね。

教授 先生が説明していることは，すべて役立つと思いますが，もう一度繰り返しますね。

　国債の金利が上がると国債の価格が下がり，金利が下がると国債の価格が上がります。国債の金利が1％のとき，100万円の国債を買った。そうすると，1年間の利子は1万円です。このときの利回りは，1万円÷100万円＝0.01（1％）です。ここまで大丈夫ですか。

学生 少しずつ分かってきています。

教授 ところが，売れると見込んでいた国債に売れ残りが起きました。

　政府は仕方なく95万円で売ることにしました。

　その国債を買った場合，購入者の利益は，

　　1年間の利息1万円＋（額面金額100万円－購入金額95万円）÷10年

　　＝15,000(年利益)

となります。そうすると，利回りは，

　　年利益15,000円÷購入金額95万円＝0.01578(年1.57%)

です。

第6章　為替から見た経済

【本章のねらい】

　国内の経済と海外の経済をお金の交換比率でリンクする外国為替取引[73]の働きを明らかにします。為替相場の変動[74]は，消費者や企業の行動を大きく左右します，そのメカニズムを学習しましょう。

§1　為替市場へ介入することもある

　円高・ドル安が進んだとします。輸出企業は円高の時には莫大な損失を被ります。次の【設例】を考えてみましょう。

【設　例】

　1ドル＝100円である。このとき，100万円の自動車は，1万ドルです。1台輸出すれば，100万円の収入になります。

　ところが，1ドル＝80円になると，1万ドルの自動車は，1台輸出して，80万円の収入にしかならないのです。

　この例から，ドル・円レートが100円から，80円と円高になると，1台について20万円の売上収入が減ることが分かります。

　だから，輸出企業にとっての円高は天敵なのです。円高に為替レートが振れ

---

[73]　為替取引には内国為替取引（銀行振り込みなど）と外国為替取引があります。本章では，外国為替取引を単に為替と表記します。

[74]　金融で○○相場とあったら，相場は○○価格と読み替えると分かりやすいでしょう。

ていきますと，輸出関連会社の（売上高が減り）株が売られ，これがニュースとなります(75)。

学生　円高に対して，政府・日銀はどのような対策を持ち合わせているでしょうか。

教授　それは，市場介入です。市場介入とは，外国為替(76)市場で円を売り（買い），ドルを買う（売る）操作を日銀が行うことです。円が売られれば円安（円の価値が安くなること）になり，ドルが買われればドル高になります。

　こうして，円高・ドル安の修正が行われていくのです。

　為替レートの行き過ぎを抑えるために，政府・日銀は為替市場に介入することがあります。政府が資金を用意し日銀に指示を出します。日銀は，政府の指示に従ってインターバンク市場（金融機関の間で各国の通貨を取引する市場）で円と外貨の取引をします。このことから，政府・日銀の市場介入といいます。

学生　もう一度，説明をお願いしたいのですが，円高が進んでいるような場合にはどうなりますか。

教授　円高が進むと輸出企業は，円建ての輸出金額が減ってきますから，売上げが減少します。

　1ドル＝120円の時に，10,000ドル相当額を輸出すれば，120万円の売上になりますが，1ドル＝100円と円高になると同じ1万ドルの輸出では売上額が100万円にしかなりません。

　つまり，売上額は20万円減少します。

学生　そうすると，円高が進行していくと輸出産業は大変なことになりますね。

---

(75)　たとえばトヨタ自動車は，1円の円高・ドル安で営業利益が約400億円減少します（2019年）。

(76)　外国為替とは，異なる2つの通貨を交換することです。

112

教授　そうです。そこで政府は円を売ってドルを買う取引を日銀へ指示し，円高抑制への強い姿勢を見せるのです。

学生　これが円売り・ドル買い介入ということなのですね。

教授　インターバンク市場で円を売りますと，円が増えます。増えたものはトマトであろうと円であろうと人気が落ちます。

　人気度は価格ですから，円の価格が落ちます。つまり円安になります。

学生　円買い・ドル売り介入は，全く逆の操作なのですね。

教授　ドル買いなどは，アメリカのドルを購入するということですから，購入した額は外貨準備といわれています。

　この外貨準備は，外国からの借金返済や，たとえば，アラブから輸入する原油の決済は米ドルで行われる（日本円では原油を売ってくれない）し，タイやメキシコなどアメリカ以外の国との貿易の決済も多くが米ドルで行われているため輸入代金の支払いなどに使われるのです。

学生　為替市場の取引額が半端じゃないそうですが，そのような巨額の取引が行われている為替市場の為替レートを日本政府の市場介入などで動かすことができるのですか。

教授　いいところに気づきましたね。為替市場のたった1日の取引額が国家予算の何倍にもなることがあるのです。

　そこで，一つの方法としては，各国に協力してもらって市場に介入することがあります。これは協調介入と呼ばれます。

§2　貿易収支が為替レートをきめる

　海外に商品を売れば収入，海外から商品を買えば支出となります。この収入

と支出の差額が貿易収支です。もしも収入が支出を上回っていれば，貿易収支の黒字といい，支出が収入を上回れば，貿易収支の赤字といいます。ここで，貿易収支と為替レートは関係があるのか考えていきます。

学生 アメリカが日本から商品を買えば，その代金はドルで払いますか。

教授 はい。アメリカ企業からドルを受け取った日本の企業は，社員の賃金などを円で払わなければならないので，ドルを円に換えます。銀行でドルを円に換えて，円を受け取ります。

　銀行は外国為替市場[77]でドルを円に換えます。

学生 貿易収支が黒字の時には円は高くなるのですか，それとも安くなるのですか。

教授 日本の輸出が輸入を上回っているときに貿易黒字になります。

　このときには，為替市場にはドルがたくさん売りに出されます。この状態を，ドルの超過供給といいます。

　そうすると，ドルの人気が下がります（ドルの需要が減ります）。円の人気は上がります（円の需要が増えます）。その結果，円高・ドル安になります。

　反対に，日本の企業がアメリカから商品を買えば，その代金はドルで払うことになります。日本の輸入企業は，ドルと円と交換し，銀行は円とドルを交換します。

　市場に円がたくさん売りに出される（円の超過供給）と円安となります。一方で，ドルの人気は高まりますから，ドル高になります。

　以上のことから，貿易赤字になりますと，円安・ドル高になります。

---

[77]　イギリスのロンドン，アメリカのニューヨーク，シンガポール，ドイツのフランクフルトや東京などの市場が代表的な外国為替市場です。

§3　円安・円高のメリットとデメリット

　円安が緩やかに進行すれば，企業の輸出競争力（海外での日本製品の価格が安くなることです。）が高まります。さらに，海外からの旅行客が増加し，国内の一般の消費やインバウンド消費は増加します。株価は高くなり，資産効果[78]から個人消費は一層刺激されます。

学生　円が暴落したらどうなるでしょうか。

教授　輸入物価が急騰します。賃金の上昇を伴わない「悪いインフレ」が進みます。円の価値が暴落し，海外製品への需要は急減します。

　人々は，円安，円安と叫びますが，円安が行き過ぎても，大変なことになるのです。

学生　円安のデメリットを教えてください。

教授　たとえばですね，輸入品が高くなります。海外旅行費用も高くなります。さらに，原油の仕入れコストが上がりますから，ガソリンや灯油が高くなります。

💬　円高のメリット・デメリット

学生　円高になると消費者の生活は豊かになりますか。

教授　そうですね，円高になれば原油の価格が下がりますから，ガソリンだけでなく電気代なども安くなります。また，海外から輸入している食料品，ブランド品などが値下がりします。海外旅行をすれば，海外のホテル代や食事代も安くなります。

---

(78)　資産効果とは，所得が変わらなくとも株高などによって保有資産価値が上ると，消費支出額が増加することです。

学生 円高になりますと，企業への影響はどうなりますか。

教授 輸入関連企業は，仕入れ価格が下がるために，利益が増えます。よって，業績が向上しますが，円高のメリットを受ける企業は相対的には少ないために，円高になると輸入関連株は下がる場合もあります。

§4 なぜお金を売買するのか

　通貨を売買すれば，手数料がかかるので，できればやりたくない。では，なぜ人々は通貨を売買するのでしょうか。

学生 なぜ人々は通貨を売買するのですか？

教授 それは，投機をするため，投資をするため，商売をするため，さらには海外旅行をするためなどでしょう。

学生 投機のために通貨を売買する，このことからお願いします。

教授 投機とは，比較的に短い期間に通貨を売買して利益を得ようとする為替の取引のことです。

　たとえば，1 ドル＝100円のときドルを買い，1 ドル＝120円でドルを売った。そのときには，1 ドルについて20円の儲けが出ます。これが*FX投機*[79]です。

学生 次は，投資をするためとは何ですか。

教授 まず，株や債券などに投資することを資本取引といいます。

　アップル社の株を買う場合には，ドルが必要です。そのため，円をドルに換

---

[79] 円高の時にドルを買い，円安になってドルを売れば利益が出ます。また，円安の時にドルを売って円高になったらドルを買っても利益がでます。このように，利益を目的に為替取引をすることを*FX投機*といいます。なお，*FX*は*Foreign Exchange*（外国為替）の略です。

えます。そして，アップル社の株を買います。

　つまり，アメリカ企業の株を買うためには，円をドルに替える必要があります。

§5　資本取引とは何か

　資本取引には直接投資と間接投資があります。直接投資とは，日本企業が現地法人を設立したり，工場を海外に建設したりする投資です。一方，間接投資とは，配当や利子を得るために海外の企業の株や債券に投資することです。

学生　日本の企業がアメリカに工場を建設したりする場合には，どのようなことになりますか。

教授　外国に直接投資を行うには，日本の企業はドルを買う為替取引を行います。そこで，自国通貨の売りと外貨の買いが発生します。このような海外への直接投資を「海外直接投資」といいます。

§6　円高が産業の空洞化を引き起こすのか

　海外直接投資が増加していますが，それと為替レートと関係があるのか考えていきます。

　海外直接投資が増える要因は，円高のためです。円高になると，日本の輸出企業の業績は悪化します。国内で生産を続けることが困難になれば海外に生産拠点を移すしか生き残る道はないのです。

　海外に生産の拠点を移してしまうと，働く人たちの職場が失われます。そうなると，国内で生産されない商品がでてきます。こうした現象を産業の空洞化と呼んでいます。海外直接投資は，国内産業の空洞化をもたらすのです。

　なお，円高の他に，外国の人件費が日本の人件費よりも低い場合，日本の企

業は外国に生産拠点を移してしまうので産業の空洞化が大規模化します。

学生 国際収支表に確か「直接投資収支」という項目があったようですが，それと，為替レートとの関係はどうなっていますか。

教授 直接投資による受取額から支払額を引いた金額が直接投資収支です。

直接投資収支が黒字の場合は，受取額の方が多いということです。この場合には，円の需要の方が大きいということです。円の需要が増えれば，円高・ドル安になります。

直接投資収支が赤字の場合は，支払額が受取額を上回るということです。この場合，ドルの需要の方が多いことから，円安・ドル高になります。

学生 外国貿易でビジネスといえば，モノの輸出や輸入ですか。「輸出」の場合で簡単に為替の取引を説明してください。

教授 トヨタの車をアメリカの輸入業者に売るとすると，アメリカの会社は輸入代金をドルで払います。トヨタは輸出代金をドルで受け取ります。トヨタは受け取ったドルを銀行に売って，円を受け取ります。

つまり，貿易で手にした外貨は自国通貨に換えられるのです。こうした商取引で為替取引が行われるのです。

▣ 輸出入と為替と弾力性

学生 円高になると輸出が減るとか，輸入が増えるとかは，為替相場と輸入，輸出の関係だから，弾力性で考えられると聞いた覚えがあります。

その弾力性ですが，よく分かっていないので，説明していただけないでしょうか。

教授 たとえば，価格が1％変化したとき，需要量が何％変化するかを表したものを需要の価格弾力性といいます。

　ある商品の価格が100円から90円へ下がった時，需要量が10,000個から12,000個に増加すると，

　　価格の変化率は，10／100＝0.1（10％）

　　需要量の変化率は，2,000／10,000＝0.2（20％）

となります。

　ここで，需要量の変化率を価格の変化率で割ると，需要の価格弾力性が求められます。つまり，

　　需要の価格弾力性＝0.2／0.1＝2

となります。このことは，価格が1％下がると，この商品の需要量は2％増えるということです。

　もう少し説明を聞いてください。

　価格と需要量のように，両者に関数関係があれば，弾力性を求めることができるのです。

　価格（独立変数）が変われば，需要量（従属変数）が変わる，この場合には需要の価格弾力性となります。

　所得が変われば，需要量が変わる，この場合には需要の所得弾力性となります。

学生　よくわかりました。弾力性は強力な武器になりそうですね。

教授　自国の輸出価格が1％低下（上昇）したとき，輸出量が何％増加（減少）するかを示す値を，輸出の価格弾力性と呼びます。

　また，輸入価格が1％低下（上昇）したとき，輸入量が何％増加（減少）するかを示す値を，輸入の価格弾力性と呼びます。

学生　円とドルの関係を想定し，為替相場が1％円高になると，日本からアメリカへの輸出価格は1％高くなり，アメリカから日本への輸入価格は1％低く

なるのですか。

教授 そのとおりですよ。

だから，円高になると輸出には不利で，輸入には有利になります。

学生 ということは，輸出の価格弾力性より輸入の価格弾力性が大きければ，円高に伴って，アメリカの貿易収支は改善するということですか。

教授 そうです。さらに，ここでのポイントは，為替相場の変化以上に輸出入が変化すれば，国際収支の調整[80]が可能であるということです。

つまり，輸出の価格弾力性と輸入の価格弾力性の和が1より大きければ，為替相場の変動を通じて貿易収支が改善されるということです（これをマーシャル・ラーナー条件といいます）。

§ 7　国際収支説はあてになるか

何が為替レートを決めるのか。一つの有力な為替相場の決定理論として国際収支説があります。

学生 為替レートが経常収支によって決まるということを学んだことがありますが。

教授 そうです，その理論はイギリスのゴッシェン[81]が提唱したものです。一般的には，国際収支説と呼ばれています。

学生 その理論の説明の前に，経常収支とは何かを教えてください。

---

[80]　国際収支の調整とは，円高や円安によって輸出量や輸入量が変化し貿易収支がバランスすることです。

[81]　ジョージ・ジョアキム・ゴッシェン（1831-1907）は，イングランド銀行の頭取やオックスフォード大学の学長を務めたエコノミストです。

教授　経常収支とは，つぎの４つの収支を加えたものです。

　　　・貿易収支（モノの輸出・入の差額のことです）

　　　・サービス収支（輸送や旅行などのサービス取引の差額のことです）

　　　・所得収支（配当や利子などの受払の差額のことです）

　　　・経常移転収支（道路の整備などの無償の援助のことです）

学生　ゴッシェンの国際収支説では，為替レートはどのように決定されるのですか。

教授　国際収支のうちの経常収支が黒字であれば，自国通貨の需要（円の需要）が増えるから，自国通貨高（円高）になります。

　経常収支が赤字であれば，自国通貨の供給（円の供給）が増えます。その結果，自国通貨安（円安）になります。

　つまり，経常収支が黒字であれば円高・ドル安に，経常収支が赤字であれば円安・ドル高になるという考え方です。

学生　経常収支が為替レートを決めるといいながら，なぜ国際収支説なのですか。

教授　いい質問ですね。

　ゴッシェンの国際収支説は1860年代に発表されたものです。当時，資本取引はほんの僅かであったため，資本収支は無視してよいほど小さく国際収支は経常収支であるとみなしてもよかったからです。

　それで，国際収支説が為替相場の予想として役に立つか，と問われると返事に困ります。

つまり，「日本の経常収支が黒字ならば円高になる，赤字なら円安になる？」，これって，はっきり言えないのです。

　その理由は，最近，資本取引額が急増しているためです。だから，経常収支の黒字・赤字で円高・円安の予測はますます難しくなっています。

§8 ビッグマックで為替相場がわかる？

学生 ビックマックで為替相場がわかるのですか。

教授 為替相場の決定理論として，もっとも有名な理論が購買力平価説です。この理論を使って利用されているのがビッグマック指数です。

　ビックマックは，マクドナルド社が世界中同じ品質で作り，同じ価格で販売しているわけですよね。だから，通貨の単位がそれぞれの国によって違いますが，同じ価格になっているはずです（これを一物一価の法則といいます）。

学生 われわれは，為替の勉強をしているのですよね。ハンバーガーが出てきたので一瞬戸惑いました。

教授 スウェーデンのカッセル[82]は為替相場決定の購買力平価説を提唱します。

　その理論は，通貨の購買力の比が為替相場であるというものです。

　例えば，１ドル＝100円であると，

　100＝１ドル／１円＝１ドルの購買力／１円の購買力，となります。

　そこで，100が90になると（１ドル＝90円），ドルの購買力が下がっている（ドル安）か，円の購買力が上がっている（円高）かですよね。

学生 そうか，為替相場というのは各国の通貨の価値の比率なのか。

教授 購買力はお金の価値です。物価（物価指数，インフレ率）が上がるとお金の価値が下がります。だから，１ドル＝100円のとき，

　　　　100＝１ドル／１円

　　　　　　＝１ドルの購買力／１円の購買力

　　　　　　＝アメリカの物価指数の逆数／日本の物価指数の逆数

　　　　　　＝日本の物価指数／アメリカの物価指数

---

[82] カール・グスタフ・カッセル（1866－1945）は，スウェーデンのストックホルム大学教授で『外国為替の購買力平価説』（1921）を発表しています。

となります。

　さらに，物価指数は金融政策の影響を強く受けますから，金融緩和政策を採った国が通貨安，引き締め政策を採った国が通貨高になります。

　たとえば，アメリカが金融緩和政策を行なったとします。

　　→アメリカのマネーストックが増えます。

　　→アメリカの物価が上がります。

　　→アメリカの物価指数が上がります。

　　→１ドルの購買力が下がります。

　　→円高・ドル安になります。

学生　凄いことになりましたね。

　そうすると，為替相場には物価が関わっているというか，為替相場は物価指数できまるというか，そういうことになりますね。

教授　そうです。物価が高い国の通貨は安くなり，物価が低い国の通貨は高くなるのです。

学生　わかりました。復唱させてもらっていいですか。

　一物一価の法則でハンバーガーはどこで買っても同じ値段であるから，アメリカでビッグマックが３ドルで，日本で300円であるならば，３ドル＝300円です。

　だから，１ドル＝100円になるということです。

教授　いいですね。もう少し話を進めます。

　ビックマックの価格で為替相場を求める発想は，イギリスの「エコノミスト」誌から生まれました。同紙は，ビックマック指数として公表し，この指数が経済のグローバル化の物差しとして用いられることを期待しています。

123

§ 9　Mrs. WATANABEを知っていますか

　為替相場が比較的に安定した動きになっている理由はどこにあるのでしょう
か。それを解くカギがミセス・ワタナベなのです。

学生　先生，最近，新聞で「ミセス・ワタナベ」がどうのこうのといった記事
が出ていましたが，それって何ですか。

教授　日本よりむしろアメリカやヨーロッパで出てくる名前ですよね。

　積極的に*FX*投資をしている人を「ミセス・ワタナベ」と呼んでいます。

学生　なぜミセスで，ワタナベなのですか。

教授　ワタナベは，欧米人にとって親しみのある名前なので，日本人の投機家
をたまたまワタナベと呼んだのです。

　ミセスは，日本では主婦でも投資家にもなるということでしょう。つまり，
投機には素人であるというイメージではミセスがジャスト・フィットしたので
す。

学生　それだけでは，納得できないですが，なぜ日本の女性が投資家の代表の
ようになっているのですか。

教授　日本には莫大な金融資産があります。1,835兆円ぐらい[83]で，世界一です。

　ところが，多くの資産運用は預金や保険などで，円建て[84]に偏った資産運用
しているわけです。

　そこで，海外の機関投資家はこの個人の金融資産を当てにしています。

---

[83]　日本の金融資産残高の５割以上が現金・預金です（2019年第一四半期：日銀レポー
ト）

[84]　円建てとは，輸出品や輸入品を円表示で取引したり，資金の貸借を円表示で行うこ
とです。

学生　多くの日本人は，預金や保険で満足しているから，それはそれでいいのではないですか。

教授　それはそうなのですが。それでは，FXのような投機がなかったら，為替市場はどうなるか考えてみましょう。

　たとえば，ある時，大幅なドル安になったとしよう。

　ミセス・ワタナベは，それならドル安の時にドルを購入しておこうと考えるに違いない。そうなると，同じような考えを持った投機家たちはドルを購入するであろうから，これによってドルは値上がりするでしょう。

　ドルがあまりに高くなれば，ドルを売ろうとする投機が起こり，ドルは値下がりするでしょう。

学生　つまり，多くのミセス・ワタナベによる思惑によって為替相場の変動幅は小さくなるということですか。

教授　そういうことです。値上がりしたときには売りが多くなり，値下がりしたときには買いが多くなります。

　こうした投機に絡む人々の思惑によって，為替相場の値動きの振れ幅が小さくなるということです[85]。

学生　今の先生の説明は，為替だけでなく，株，原油などの資源，小豆などの商品や土地やマンションなどの不動産についても当てはまりますね。

教授　市場では，価格が高いときに売りが入り，価格が下がった時に買いが入ることによって価格の変動幅が小さくなります。つまり市場が安定するということです。

　投機があるからこそ為替相場は安定するということです。

---

[85]　日本の個人投資家は「下がったら買う，上がったら売る」というスタイルで有名です。

学生 そうした投機を行う人をミセス・ワタナベと呼んでいるのですね。また，価格安定のためには人々の積極的な投機行動こそが原動力になるということですね。

教授 個人投資家（ミセス・ワタナベ）の動きこそ為替相場の安定に一役買っている[86]ということです。

§ 10　有事の円か，有事のドルか

　有事の際に，世界の投資資金がアメリカのドルに流れることがあります。これを「有事の米ドル買い」と呼んでいます。その理由には，米ドルは，世界の為替取引で用いられる基軸通貨であるからだろうか，それともほかの理由があるのだろうか。

学生 なぜ米ドルが基軸通貨なのですか。

教授 世界の多くの為替取引は，米ドルを用いて行われています。例えば，原油などの資源の国際取引は米ドルで決済されています[87]。このことから，米ドルは為替取引の鍵（*key*）になる通貨（*currency*）となってきました。そのため，米ドルはキーカレンシーとか基軸通貨などと呼ばれています。

学生 外貨準備とか，外貨準備高とかは何ですか。

教授 外貨準備とは，輸入代金の支払いなどに用いられる政府が保有している

---

[86]　現実には，特にヘッジファンドといわれる海外の投機家は「上がるから買う，買うから上がる（バブル発生）」，「下がるから売る，売るから下がる（バブル崩壊）」という行動をとっており，相場の不安定を助長しているという説もあります。

[87]　アラブのオイルマネーの存在が大きい。原油の売買代金は米ドルなため，アラブの産油国は巨大な米ドルを保有し，世界中に投資しています。しかし，アメリカ以外は米ドルを外国通貨に換えて投資をしています。金融危機等が起きると，それらが売られ米ドルに戻されるためドル高になり易いのです。

外貨と金などのことです。その保有額を外貨準備高といいます。

　世界各国が外貨準備として保有している米ドルは，全体の通貨保有額の60％以上です。

学生　米ドルが基軸通貨であることで，何かメリットがあるのですか。

教授　アメリカの企業が外国から商品を輸入したとき，輸入代金の支払いは米ドルです。だから，アメリカの企業は為替相場について心配する必要はないのです。

　また，輸出代金を受け取るときも，受け取る代金は米ドルです。よって，自国通貨（ドル）に換えるためのコストはかからないのです。

学生　それと，アメリカはどんどんドルを刷ってもインフレを引き起こすことはないのですか？

教授　基軸通貨に対する世界中の需要がありますから，インフレにならないとは言い切れませんが，なりにくいというメリットもありますね。

学生　基軸通貨国のメリット[88]は大きいと思いますが，なぜアメリカだけ，という素朴な印象はあります[89]。

教授　そうですよね。だが，どの国の通貨でもいいというわけではないのですよ。

一言で言えば，アメリカが世界最大の経済大国だということです。

---

[88]　発行された紙幣の額面金額と，紙幣の発行コストの差額は，国の通貨発行益（シニョリッジといいます）になります。どの国も自国通貨発行に際してシニョリッジが発生するが，自国以外の全世界で使われる基軸通貨の発行国であるアメリカのシニョリッジは巨額です。それがアメリカの経済を支えている面があります。

[89]　欧州が通貨統合してユーロを導入したことは基軸通貨米ドルへの対抗の意味もあり，また中国も人民元の国際化を目指しています。

学生 経済大国といわれても。経済大国という証拠は何ですか。

教授 経済力を見る目安は，*GDP*（国内総生産）です。

　アメリカの*GDP*は，約19兆3,900億ドル（2017）で，世界全体の*GDP*のほぼ25％の大きさです。

　基軸通貨となるためには，その国が経済的に安定した大国である必要があるのです。

　さらに，金融環境が整っていることが前提になっています。

　その必要条件とは，対外取引に対する規制がないこと，通貨の価値が安定していること，金融市場や資本市場が発達していること，そして，経済力だけでなく，政治力や軍事力に裏づけられた他国の信頼度が高いことなどです。

学生 ドルに対する印象は，「有事のドル」。この言葉が，最も印象的です。

教授 ニュースなどでたびたび流されていますからね。

　国際情勢が不安定化すると，ドルが駆け込み寺になるということです。

　2008年のリーマン・ショック⁽⁹⁰⁾では，有事でドルが買われました。

　ドルが全面的に売られたのは，リーマン・ショック発生後の1週間だけです。むしろ，ドルは基軸通貨として急速に需要が増えたのです。

　しかし，おおむね有事のドル買いですが，必ずこうだと決めつけないことが大切です。

学生 米ドルに対して円はどうなのですか。

教授 円は安全通貨といわれています。日本の*GDP*は約5兆ドル（2018）で世界3位の経済大国でもあります。

　また，極端にインフレ率が低く，しかも基本的には貿易黒字国です。

⑼0 リーマン・ショックとは，アメリカの大手銀行（リーマンブラザーズ）がサブプライムローン（リスクの高い住宅ローン）で巨額の損失を発生させたことが原因で起きた世界同時不況のことです。

さらに，海外に保有する資産（対外純資産）は340兆円（2016年）で世界一です。

学生 日本こそ，「有事の円」ですか。

教授 そうです。

日本は対外資産保有大国ですから，有事の際には，そうした資産を日本に引き上げるとの投資家の判断から円高に動くと予想されます[91]。

§11 国際収支の天井が足を引っ張る

為替相場の変動が大きく，消費者も輸出入業者も毎日気をもんでいるならば，いっそう固定為替相場制にしたらいいのではないかという意見もあります。なぜ，変動相場制が維持されているのでしょうか。

実際には，1950年代，1960年代，為替相場は固定されていました。1971年まで，1ドル＝360円に固定された固定為替相場制度であったのです。

学生 現在でも為替相場は固定したらいいと思う人が多いと思いますが。

教授 為替相場を固定することは可能ですが，日本経済にとっては負担が重すぎるのだよ。

学生 その理由を説明してもらいませんか。

教授 一言で言えば，国際収支の天井といえる現象が発生するというのが，その理由です。

マクロ的波及過程は次のようになります。

---

[91] 2011年の東日本大震災時には，日本が大きな災害を被ったにもかかわらず，円高が進みました。これは国際分業が進みサプライチェーンが日本だけ壊れても，世界的な供給がストップするため，東日本大震災の被害は日本だけでは収まらないと考えられたからです。

国内景気が良くなると,

　　→所得が増えます。

　　→所得が増えると, 輸入が増えます。

輸出が増えると,

　　→所得が増えます。

　　→所得が増えると, 輸入が増えます (これは輸入誘発効果と呼ばれています)。

　この時, 原材料を先に輸入するので輸出より輸入のほうが早く増えます。そこから, 輸入が急速に増えると, ドル不足が起きます。

学生　輸入が増えると, ドルが不足する理由を説明してください。
教授　商品を輸入するにはドルが必要です。輸入業者は輸入代金の準備をするために円をドルに替えます。輸出が増えれば, ドルが入ってきますが, 輸入が輸出より多ければ, 国内の為替市場では, 輸出 (ドルを円に換える) ＜輸入 (円をドルに換える) となります。

　つまり, ドルの需要の方がドルの供給より多くなりますから, ドル不足になるのです。換言すれば, 好景気は国際収支の赤字をもたらします。それが, ドル不足の原因となります。

　学生　頭の中を整理させてください。。
　日本経済が順調で, 景気が良くなると
　　→輸入が増える。
　　→ドル不足 (ドルの需要＞ドルの供給) になる。
　　→ドルの価値が上がる。
　　→ドル高・円安になる。
　これでいいですよね。

教授　もし，このような時に，為替相場が，1ドル＝360円と固定されていた ならばどうなるのかね。

学生　そりゃ，1ドル＝400円とかになったら，1ドル＝360円の状態に戻すよ うに，政府は為替市場に介入するでしょう。それが，政府・日銀の役割でしょ う。

教授　あなたの言う通りです。政府は手持ちのドルを放出して，ドルを売り， 円を買う，いわゆる為替市場への介入を行います。

　それは，1ドル＝360円になるまで，「ドル売り・円買い」の市場介入は繰り 返して行われるでしょう。

学生　先生，それには限界があるのではないですか。

教授　そうだね。政府の手持ちのドルには限界があるからね[92]。

　そうすると，どうすればいいんですか？

学生　輸入を減らせばいいわけですから，輸入を抑えるしかないということで すか。

教授　国内景気を冷やせば，輸入は減ります。つまり，マクロ経済政策として， 景気を冷やす政策を採れば，輸入を抑制できます。

　戦後の高度経済成長のため，輸入が増え続けました。その結果，ドルは不足 し，円安・ドル高をもたらした。1ドル＝360円という固定為替相場となって いたことから，国際収支の天井が発生し，そのことが高度成長に水を差すこと になったわけです。

---

[92]　自国通貨売り（外国通貨買い）の為替介入は，自国紙幣を印刷すればよいだけなの で，ほぼ際限なくできるのに対して，外国通貨売り（自国通貨買い）の為替介入では 外貨準備の範囲内でしかできないので限界があります。

学生 では，国際収支の天井を無くせば，いいのではないですか。

教授 それが，固定相場制から変動相場制への移行なのです。

　固定相場制は，為替相場を固定するか，狭い変動幅に相場を制限する制度です。

　ここで，国際金融のトリレンマという理論を紹介しておきます。

①　為替相場の安定（固定相場制）

②　金融政策の独立性

③　自由な資本移動

の３つを同時に実現させることはできないという理論です。

　そこで，固定相場を維持するには，政府・日銀の為替市場への介入が不可欠です。また資金の移動を規制しなければならないのです。

学生 そんな大変な制度をどうして採用しているのですか。

教授 固定相場制を採用する国は，経済が未発達で，経済発展のためにこの制度を利用しているのです。

　つまり，固定相場制であると，為替変動の影響を受けない，安定した輸出ができるなどのメリットがあるのです。

§ 12　為替リスクを避ける手段はあるか

　為替取引に伴って発生するリスクとヘッジについて考えてみましょう。経済取引にはリスクが付き物です。しかし，リスクを少しでも回避することはできるのでしょうか。

学生 FX取引に手を出すと，得をすることもあるでしょうが，損をすることも当然ありますよね。

教授　当然ですね。だから事前に基本的な知識だけはしっかり押さえておく必要があります。為替取引を行うと得をすることもありますが，損をすることもあります。一般的には，このことを為替リスクと呼んでいます。

学生　得をするということは，為替差益ということですか。

教授　為替差益とは，為替相場の変動によって，発生した利益のことです。

　つまり，1ドル＝100円の時にドルを買い，1ドル＝120円になった時にドルを売れば，100円が120円になります。この場合，20円が為替差益です。

　このように，ドルを持っている場合に，円安・ドル高になった時にドルを売れば，為替差益が手に入ります。

学生　為替取引で儲けるには，「円高の時にドルを買う，円安になったらドルを売る」，これですね。

教授　その通りだよ。

　逆に，1ドル＝100円の時に買ったドルを1ドル＝80円で手放すと，20円の損失となります。このときの20円を為替差損といいます。

　このように，為替取引にはリスク（*risk*）があります。

学生　リスクとは何ですか。

教授　リスクとは，損をするのか，得するか全くわからないことです。そうしたリスクをできるだけ小さくするための対策をヘッジ（*hedge*）と呼びます。つまり，ヘッジとは，為替の変動から発生する損失を避ける対策のことです。

学生　為替取引をする人が，たくさんの外貨を持っているか，そうでないかによって，リスクの度合いも違ってきますね。

教授　外貨の保有額を「持ち高」と呼びます。そこで，ドルなどの外貨を売買することを「持ち高を増やすとか，減らす」といいます。だから，持ち高に

よって，リスクの度合いが違ってきます。

学生　先ほどの「持ち高を増やす」とは，今ドルを持っていることなのですか，それとも新たにドルを買うことなのですか。

教授　新たにドルを買うことです。それから，ドルを買った状態を買い持ちといいます。つまりは，買い持ちは円をドルに替えると考えればいいでしょう。

学生　そのことからすれば，新たにドルを売れば，売り持ちですね。それで，どうなるのですか。

教授　そこで，ドルの買い持ちになっているときに，ドル高になったとします。もしドルを売れば利益が出ますが，売買をしなければ「含み益」が出ているといいます。

学生　含み益とはそういうことなのですか。為替取引には含み損も発生するでしょうから，リスクをヘッジする方法はありますか。

教授　いくつもありますが，先物取引でリスクをヘッジする方法を説明しましょう。

　いま，日本の機械メーカーがアメリカに1,000万ドルの機械を輸出しました。そのとき，輸出代金を例えば6か月後に受け取る契約を結びます。1ドル＝100円であれば，輸出代金の10億円が受け取れます。しかし，6か月後に代金を受け取る契約を結んでいます。

学生　万が一，6か月後の為替相場が1ドル＝90円になっていたら，日本の会社は9億円しか受け取れませんね。

教授　そこで，リスクヘッジをするのです。その方法は，たとえば，6か月先の為替相場を現時点で決める取引契約を行うことなのです。その為替相場が先物取引です。

　輸出業者が，例えば，6か月後に1ドル＝100円と先物取引の契約を行って
しまえば，6か月後に円高になろうが円安になろうが，輸出代金の10億円を受
け取ることができるのです。

学生　こういうことですか。

→日本の会社がアメリカに1,000万ドルの商品を輸出すると仮定します。

→通常は，一定期間後に輸出代金を受け取る契約を結びます。

→しかし，その時点での為替相場は，円高になるか円安になるか予測できない。

→そこで，輸出時に一定期間後の為替相場（先物相場）を現時点で決めておく
契約を結びます。

→これで，円高になろうが円安になろうが，為替リスクは発生しないのです。

§13　先物取引でのヘッジ

　100万円を持っているとして，この100万円を日本で運用したらいいか，それ
ともアメリカで運用したらいいか，どういう基準でこの問題を解決したらいい
のだろうか。

教授　まず，日本の金利が2％で，アメリカの金利が4％であるとしてみま
しょう。

　また，現在の為替相場が1ドル＝100円とします。この為替相場を直物相場
といいます。

　あなたのバーチャルな100万円を金利2％で1年間運用したときの元利合計
はいくらになりますか。

学生　元利合計とは何ですか。

教授　元金（100万円）と利息を合計したものが，元利合計です。

学生 分かりました。$100 \times 0.02 = 2$（万円）が利息ですから，元利合計は，元金（100万円）＋利息（2万）だから，102万円です。

教授 今度は，100万円をドルに換えて，金利4％で運用したときの元利合計はいくらですか。

学生 100万円をドルに換えると，1ドル＝100円だから，1万ドル。

1万ドルを金利4％で，1年間アメリカで運用すると，元利合計は10,400ドルになります。

教授 そうだね。ここで，大事なことはその10,400ドルを1年後の為替相場で換算して，日本で投資したら手に入る102万円かそれ以上でなければ，誰もわざわざアメリカで資金を運用しませんよね。

少なくとも国内で運用した場合と変わらない，今時点で予想する為替相場（先物相場）は1ドル何円なのでしょうか。

学生 直物相場（100円）× (1 ＋ 0.02) ＝先物相場× (1 ＋ 0.04)だから，
先物相場＝102÷1.04

から，ほぼ1ドル98円ですか。よって，この条件（直物相場100円で日本の金利が2％，アメリカの金利が4％）の時の先物相場は98円になります。

ええ，ちょっと待ってください。それでは儲けも損もないですね。

教授 そう，儲けも損もない。これをヘッジというわけです[93]。

学生 為替取引には，「リスクが伴う」と忠告を受けてきました。できればノーリスク・ハイリターンで行きたいですね。

---

[93] もし，先物相場が100円だったらどうなるでしょうか。この一連の取引を行うと，全ての人が儲かることになります。よってすべての人が先物を売るヘッジ取引を行うので，先物は売られるので100円から値下がりしていきます。どこまで下がるかというと，損得がなくなる98円であると考えられます。これを裁定価格理論（APT）といいます。

教授　金融取引はすべてリスクが伴いがちで，ノーリスク・ハイリターンなどありません。ですから，為替取引を始めるには，十分な準備と覚悟は必要です。

　そうはいっても為替取引なしには貿易取引はできません。

§14　オランダ病とはどんな病気？

「資源国必ずしも豊かならず。」こうした現象は，オランダ病と呼ばれています。オランダ病と為替の関係について考えてみます。

学生　オランダ病って何ですか。その病と為替が何か関係があるのですか。

教授　「資源国は，製造業が育たない。」[94]そうした国が多くあります。

　オランダは，1960年ごろ北海で天然ガスを発見。オランダ経済は一気に活気づいた。さらに，オイルショックで，原油の価格や天然ガスの価格が暴騰しました。そのお陰で莫大な外貨が流れ込み，高度福祉社会を実現することができたのです。

学生　それじゃ，病気どころか元気溌剌（はつらつ）ではないですか。

教授　経済のメカニズムはそれほど単純ではないのです。

　当然のことながら，オランダの通貨ギルダー[95]の価格が上がったのです。ギルダー高からオランダは輸出競争力が下がっただけでなく，海外から低価格の工業製品の輸入が急増しました。

　その結末は，

　天然ガスの発見→貿易黒字→オランダ通貨の値上がり→国際競争力低下→経

---

[94]　もともと製造業が盛んだった国に資源が見つかった場合とは異なります。例として，アメリカは，21世紀に入ってシェールオイルで世界一の原油産出国となりました。

[95]　ギルダーとは，2002年までオランダで使用されていた通貨の単位です。EUに加盟してからは，ユーロになっています。

済停滞→失業率の上昇→社会保障費の増加→財政赤字
となりました。

　原油のような資源の発見，開発，輸出などは当該国にとって天からの恵みに
見えますが，オランダの天然ガス発見から生じた国内製造業の弱体化は，為替
レートを介した負のブーメラン現象なのでしょう。

学生　オランダ病というぐらいですから，資源収入が自国通貨高を招き，それ
がもとで国際競争力が低下し，国内産業が弱体化したということですね。オラ
ンダ以外の国でもこうしたことはあったのですか。
教授　オーストラリアといえば石炭や鉄鉱石が露天掘りされている映像がしば
しばテレビに映されていますよね。

学生　それで，オーストラリア病もあるのですか。
教授　アジアなどからの資源需要が増加し，鉄鉱石などの価格が上がりました。
そのため，豪ドルが上昇し，賃金が上昇して住宅，銀行などの国内主要産業が
低迷しています。特に賃金の上昇は，自動車産業にとって深刻です。人口も少
ない（2,500万人，2018年）ため自動車販売の限界などが重なって，自動車産業
などは大変なことになっています。

学生　ロシアも資源国ですよね。ロシアは特定の産業がないような感じがしま
す。
教授　ロシアは，原油などの天然資源に恵まれています。ロシアの国づくりは，
こうした天然資源の有効活用にあるわけです。しかし，国際市場で原油の価格
が上がると，資源国特有の自国通貨の上昇に見舞われます。ルーブルの上昇は，
ロシアにとって足かせになります。いずれの国も直面する国際競争力の低下と
輸入財の価格低下です。

学生　北方領土を巡る日ロ経済交渉はどうもこの辺りが関係しているのではないかというのが僕の見方ですが。

教授　そうですよ。資源依存型の経済は，泥沼にはまった車のようなものですから，別の大型車を使って引っ張り上げることが必要です。

学生　そう考えていくと，日ロ交渉も見えてきますね。日本の狙いというか，むしろロシアの戦略が。

教授　経済は政治で，政治は経済ですから，われわれは経済の目から政治を見れば，何かが必ずつかめるのです。

　ところで，なぜ資源国は第二次産業を育てたいと考えているのですか。

学生　資源はいずれ無くなります。その前に製造業を育てる必要があるからです。

教授　それだけですか。

学生　原油をはじめ資源価格の変動は激しいです。つねに，国内経済が資源価格の変動に振り回されているのです。それでは，国内経済の安定的成長は望めないということです。

　さらに，原油をはじめとする資源は，基軸通貨である米ドルで国際取引されるため，為替変動リスクを被ったりします。

Column 2　アーヴィング・フィッシャー

　フィッシャーの貨幣数量説は，マクロ経済学に不可欠な理論です。ケインズに反旗を翻したミルトン・フリードマンの原点は，フィッシャーの経済思想の流れを汲んだものです。ところが，この人，並みの経済学者ではなかったのです。

学生　フィッシャーは健康オタクだったと聞いていますが。
教授　フィッシャーが18歳頃，父親は肺結核で亡くなりました。
　健康の大事さを知ったフィッシャーは，酒はのまず，たばこも吸わず，人一倍健康に気をつかったようです。
　フィッシャーが実践した健康法は，よく嚙んで食べる，塩分を控えた食事をする，脂肪の多い食べ物はさける，野菜や果物は火を通して食べる，などです。
　さらに，実践した健康法を書物にまとめ出版するほど健康な生活に最善を尽くしていたようですね。

　学生　学生時代のフィッシャーはどうだったのですか。
　教授　父親は牧師でしたが，裕福でなかったようです。
　高校卒業後，1年間学費を稼ぎ，エール大学への進学を予定していました。その矢先，父親が亡くなってしまったのです。ところが，父親がフィッシャーのために，500ドルもの貯金をしていてくれていたことが分かりエール大学への進学を果たすことができました。それでも，家計は火の車だったようです。

学生　フィッシャーは「発明王」だったとか。
教授　高校生の頃から，さまざまなものを発明します。なかでも，カード・インデックス器は1912年に新案特許が認められ，1913年から製造販売されました。

学生　フィッシャーは，資産家になっていくのですね。
教授　1893年6月，フィッシャーはマーガレット・ハザードと結婚します。マーガレットの実家は，とてつもなく裕福な家庭でした。フィッシャー夫妻への贈物は，マーガレットの父からの大邸宅です。1920年代のフィッシャー家はまさに黄金時代で，1,000万ドル以上の資産を保有していたといわれています。

学生　晩年のフィッシャーはどうだったのですか。
教授　フィッシャーの資産の多くは自社株です。その株価は大恐慌前に58ドルでしたが，大恐慌でたった1ドルまで暴落してしまったのです。銀行から借り入れていた資金の返済を迫られ，大豪邸さえ手放すことになってしまいます。その豪邸の買い取り主は，フィッシャーが教授として奉職していたエール大学でした。

第7章 経済政策から見た経済

【本章のねらい】

経済学は政治経済学です。政治が経済を動かす。逆に言えば，経済は政治の助けを借りて軌道修正し，谷底に落ちた経済を救いのロープで引き揚げてもらうことがあります。その救いのロープが経済政策です。

---

§1 理論と政策

経済学は，経済理論と経済政策に分けることができます。経済理論とは，簡単に言えば，「AはBである」という論理を実証する科学のことです。

たとえば，「人々のお金に対する需要が増え，必要以上にお金が流通するとインフレーションが発生する」というように，経済事象の原因と結果を明確にすることです。

これに対して，経済政策は，最大多数の最大幸福[96]の立場から「〜すべきである」と，理論を前提にして経済・社会改革を発案する科学です。

たとえば，「インフレは，所得分配を歪め，経済格差を広げます。所得格差を是正するためには，お金の流通量を抑制する金融引き締め政策を早急に実施すべきである」と経済対策を提言することです。

---

[96] イギリスのジェレミ・ベンサム（1748 - 1832）は，個人の幸福の総計が社会全体の幸福であり，社会全体の幸福を最大化すべきだと説いています。このとき，国王も一般市民も，一人としてカウントすると主張しています。

学生　政府が行う経済政策は，財政政策ですか。

教授　財政政策は，代表的な経済政策ですが，金融政策，環境政策，労働政策，貿易政策などさまざまな政策も広い意味で経済政策と考えればいいでしょう。

学生　大きな政府とか，小さな政府とか，どういうことですか。

教授　大きな政府とは，市場への介入を強化して社会の平等・富の再分配と個人への高福祉を志向することです。

　小さな政府とは，民間では賄えないもののみを政府が補完し，市場の自由競争を重視することです

学生　政府の役割が大きい（大きな政府）とき，どんな弊害が起きるのですか。

教授　政府は仕事を増やし，世の中にたくさんのカネをばら撒きます。そのため財政赤字が拡大します。その上，政府は市場に介入し，さまざまな経済活動に規制を設けます。さらに，官民格差が広がったりします。

学生　それから，大きな政府に関連したクラウディング・アウトを，もう一度，復習したいのですが。

教授　クラウド・アウトとは「押しのける」という意味です。

　誰が誰を押しのけるかというと，政府が民間企業を押しのけるということです。

　政府が大きな政府を目指して，政府の仕事を増やすと，

　　　→政府はたくさんのお金を使います。

　　　→*GDP*が増えます。

　　　→政府がたくさんお金を使うため金利が上がります。

　　　→企業は投資を控えます。

　　　→政府の経済規模は拡大します。

　　　→民間企業の経済活動が押しのけられます。

→企業はさらに投資を控えます。

→*GDP*が減少します。

　このことから，政府による公共事業などは，民間企業の活動範囲を狭めることから，期待したほどの経済効果をもたらさないかもしれないのです。

§2　ニューディール政策で，アメリカを救えたか

　1929年10月24日，ニューヨークの証券取引所で株価が大暴落して世界大恐慌が起こりました（暗黒の木曜日）。当時のアメリカの大統領フーバーは打つ手もなく大不況は深刻化していきました。1929年の失業者が155万人（労働者の3％）であった。だが1933年には，アメリカの労働者の4人のうち1人（1,280万人）は職を失いました。これはアメリカの労働者の25％が失業者になったということです。また，1929年から1933年にかけて，個人の所得も企業の生産も半分になってしまったのです。

学生　その対策として，ルーズベルト大統領が行った経済政策がニューディール政策ですね。

教授　1932年に大統領選がありました。

　1933年，フランクリン・ルーズベルトが第32代大統領に就任しました。

　ルーズベルトが打ち出した政策は，当時のいかなる国でもチャレンジしたことのない全く新しい経済政策でした。

学生　というと，それまでの経済政策は，政府が不況の時でも手を出さないいわゆる自由放任主義ですか。

教授　そうです。「経済のことは市場に任せておけばよい」という考えですね。不況などは一時的現象であって，やがて景気は自然に回復すると。

ルーズベルト大統領の政策は，ケインズの公共事業を重視する政策を参考にしたものでした。これは，テネシー渓谷開発事業などの大規模な公共事業です。

　いずれにせよ，こうした公共事業によって，ルーズベルトは完全雇用を目指しました。

学生　それで，完全雇用は実現したのですか。

教授　「完全雇用」って分かりますか。

学生　「完全」がよくわかりません。

教授　働きたい人には，すべて仕事が与えられることです。

　専門用語で言うと，非自発的失業者（仕事をする意思があるにもかかわらず，仕事に就けない人々）がゼロの状態を完全雇用といいます。

　1936年には失業者が800万人に減りました。しかし，1937年には再び景気が後退し，失業者が1,000万人以上となってしまいました。

学生　失業者が減ってきたのに，また増えてしまった。そこには何か政策の判断に誤りがあったのですか。

教授　そうです。公共事業を推し進めるには莫大な財源が必要なのです。

　その財源をルーズベルトは税金で賄ったのです。

　財政赤字（政府の赤字）を解消したい，そのために増税政策をとったのです。

学生　どうすればよかったのですか。

教授　増税は国民の負担を増やしますから，消費が減ります。消費が減れば，生産が減ります。生産が減れば，失業者が増えます。

学生　それがマクロ経済学の基本なのですね。国債を発行して，財源に充てればよかったのか？

教授　そうです。最後の詰めで，ケインズ政策を無視したわけです。

だが，1940年にはアメリカ経済は回復し，ルーズベルトの目標とした完全雇用は実現しました。これは，ニューディール政策の効果ではなかったようです。

残念ながら，完全雇用の実現は第二次世界大戦の開戦後になってしまいました。

§3　ポリシー・ミックス

代表的な経済政策は金融政策と財政政策です。これら2つの政策を同時に実施することが可能なのでしょうか。また，同時に実施した場合と単独に実施した場合では政策効果は異なるのでしょうか。

教授　ところで，日本経済が不景気になるたびに，政府が「いの一番」に考えることは何ですかね。
学生　景気対策でしょう。

教授　景気対策は当たり前でね。もっと具体的に説明してもらうと助かります。
学生　失礼しました。景気対策といってもたくさんあります。雇用対策，社会政策，財政政策，金融政策と環境政策などが主な対策です。この中で一般的には，財政政策が最優先される経済政策です。

教授　君はなかなか勉強しているようですね。最後の結論までお願いします。
学生　そうですよね。わかりました。知っている限り説明してみます。

景気対策としては，主要な対策は公共事業ですね。

公共事業を行って，需要を喚起し，所得を増やし，雇用を増やし，その結果，失業率を下げる，これが財政政策としての公共事業の役割です。

教授　いいですね。

　しかし，こうした財政政策はクラウディングアウトを引き起こし，必ずしも政府が意図した効果を挙げることができない場合もあります。

学生　つまり，公共事業は大きな政府を生む可能性があり，市場金利を引き上げ，民間投資を鈍らせるという副作用ですね。

教授　せっかく膨大な資金を投入して公共事業を行っても，結果はプラスかマイナスかわからない。こんなバカな政策などやらない方がいいと思いませんか。

学生　教授の説明の途中でそう思いました。しかし，公共事業関係費は予算の割合でも大きな割合を占めていますが，なぜですか。

教授　アメリカのブキャナン教授とワグナー教授は，『赤字財政の政治経済学』(1977) でこんなことを書いています。

　「政治家は，選挙によっていかに多くの票を集めることができるか，彼らの関心事はここにある。そのため，公共事業による巨額の赤字にも何ら恐れない。自らの選挙区の住民に最大のプレゼントをすることが政治家の思惑である。そのプレゼントこそ，地元優先のインフラ投資に他ならない。」

学生　そうですよね。大幅な赤字予算を組んでも痛くもかゆくもないといった顔をしているのは，それぞれの政治家が自分の選挙区へのプレゼントがその中に含まれているわけですから，「その予算案に賛成」なのですね。

教授　財政政策とは，ある意味で奥が深いというか，どろどろしたものなんですね。国民の一人一人が，国家の仕事なのか，特定の地域の仕事なのか，しっかりとチェックしていく必要があります。

学生　われわれは単に知識として経済政策を学習しているわけではないことが分かりました。

教授　ところで，公共事業で市場金利が上がってしまって，民間の経済活動が停滞してしまうといいましたが，なぜそうなるの？

学生　わかっていますよ。企業が設備投資を計画し，銀行から借り入れをしようとしたときに，企業家は，予想収益率と資金の借り入れコストを天秤にかけるのです。

　もちろん，借り入れコストのほうが高ければ，その投資は諦めます。

教授　よくわかっていますね。企業は経営者のものでなく，株主のものですからね。

　企業家は細心の注意を払い，お客様重視の経営と株主重視の経営を行っていくわけです。そうであるなら，政府も知恵を絞らなくちゃいけませんよね。

学生　公共事業を行って金利が上がり，いわゆるクラウディングアウトが発生するとしても，「ああそうですか」，というわけにはいかないですよね。

教授　そこなのです。公共事業で金利が上がるなら，金融緩和政策を同時に行い，金利を下げればいいのです。

　つまり，景気対策として財政政策を行ったら，金融緩和政策も行えばいい。

　こうすると，金利は上がらず，所得のみ増加します。このように，経済政策を2つ以上同時に行うことをポリシー・ミックスといいます。

　それによってクラウディングアウトはクラウディングイン[97]に変わります。

学生　そういうことか！

教授　唐突ですが，金利は何と何できまるのですか。

学生　そんなのはたやすい質問ですよ。貨幣の需要と供給で決まります。

---

[97]　クラウディングインとは，金融緩和政策などによるマネーストックの増加から金利が下がり，投資の増加が所得の増加をもたらす経済効果のことをいいます。

教授　では，金利を下げたいときには，どっちをどのように動かせばいいのですか。

学生　それも大学生に聞く質問とは思いませんね。供給を増やせばいいのです。

教授　ほー！それでは，公共事業を行って金利が上がってしまい，民間の経済活動が停滞したときは，次に打つべき政策は何ですか。

学生　そうか！！

　公共事業の増加で金利が上昇したら，日銀に金融緩和政策を発動してもらって，金利を下げるようにすればいいのか。

　凄いことですよね。巨大なマクロ経済を，財政と金融の操作で動かすことができるのか。

教授　金融緩和政策といっても，具体的にはどんな政策だと思いますか。

学生　短期金利を下げるためには，マネーストックを増やす操作かな，……。

教授　「買いオペ」ですよね。その仕組みをもう一度説明します。

　・政府が国債を発行します。

　　→その国債を銀行が引き受けます。

　　→銀行から政府に資金が流れます。

　　→銀行が保有している国債を日銀が買い入れます。

　　→日銀から銀行に資金が流れます。

　大事なことは，財政政策だけですと，問題が起きるとすれば，今のように金融政策も同時に実施することになるわけです。繰り返しますが，これをポリシー・ミックスといいます。

学生　そうか，そういう手があるのか。表があると，裏もあるということですか。

教授　景気回復のための財政出動は金利を高める可能性があることから，金融緩和政策も同時に行うポリシー・ミックスが有効となるのですね。

　経済政策の大きな目標は，インフレと失業をコントロールすることです。

　それを測る物差しが，ミザリー・インデックス[98]という指標です。

学生　それは，日本語で言うと何ですか。

教授　悲惨指数といいます。インフレ率と失業率を加えたものです。

　その値が10％を超えると，経済にとってイエローカードです。

学生　もっと根本的なところからお願いします。まず，失業率とは，どのような数字なのですか。

教授　職に就いているかどうかにかかわらず労働意欲を持っている人達が労働力人口に入ります。そのうち，労働意欲を持っているが職がなく，仕事を探している人たちを完全失業者と呼びます。完全失業者を労働力人口で割って，100をかけた数値が失業率です。

　この値が4％であれば，100人のうち4人が職にありついていないことを意味するわけです。

学生　ミザリー・インデックスは失業率とインフレ率を加えたものという説明ですから，もう一方のインフレ率の弊害は何ですか？

教授　インフレ率とは物価上昇率のことですから，インフレ率が高くなると消費者の生活費を圧迫します。企業にとっても，他の企業から購入する原材料などの物価が上がるということですから生産費が増えます。

---

[98]　ミザリー・インデックスとは，国民に経済的な苦痛を与える水準を，インフレ率と失業率の経済指標で表したものです。オーカンの法則で知られるアーサー・オーカンによるものです。なお，我が国では，「悲惨指数」として使われています。

学生　職がなくて，物価が高いと，踏んだり蹴ったりですね。

教授　だから，アメリカではミザリー・インデックスが10を超えると，その時の大統領は，再選が難しくなっているようです。失業率が高いと，職に就けない労働者が増えることから社会不安が発生しますよね。

学生　アメリカのミザリー・インデックスが分かりますか。

教授　ウィキペディアから，在任中にミザリー・インデックスが10%以上の大統領をピックアップしてみましょう。

大統領	在任期間	ミザリー・インデックス（平均値）
ニクソン	1969－1974	10.57
フォード	1974－1976	16.00
カーター	1977－1980	16.26
レーガン	1981－1988	12.19
ブッシュ	1989－1992	10.68

§ 4　フィリップス曲線

　インフレ率と失業率の間には，トレードオフの関係があることを表した曲線がフィリップス曲線です。この曲線は，マクロ経済の重要な情報を教えてくれます。さて，それは何でしょうか。

学生　「トレードオフ」とは何ですか。

教授　一方が増えれば，他方が減るという関係になっているということです。

学生　つまり，失業率が上がれば，インフレ率が下がるということですか。

教授　まあ，そうです。

　ケインズは，景気回復のための経済政策として，財政政策を提案しました。

　しかし，財政政策を積極的に行った結果，失業率が下がりましたが，インフレ率は上がりました。

学生　それって，まずくないですか。

教授　まずいでしょう。財政政策が失業率を下げることに効果があっても，インフレをむしろ悪化させたということですから。

学生　ケインズ政策には，限界があったということですか。

教授　まあ，2つの目標を同時に解決することができないということでしょうね。

　2つの的を1本の矢で打ち抜くことができないということでもあるのでしょうね。

学生　2つの的（まと）とは，インフレ率と失業率で，1本の矢は例えば公共事業と考えれば，教授の話は分かりますね。

教授　政府が公共事業を行って，仕事を増やし需要を増加させると失業率が落ちてくるでしょう。

　短期的には，この考え方はいいですよね。

　この問題は，政治の問題や政党の問題でもあるのです。

　アメリカのリベラル派は，失業率は低くなるための政策を提言します。一方，保守派はインフレ率を低めるための政策を打ち出します。

　1960年代のアメリカはリベラル志向が強く，民主党政権の下でケインズ的な総需要管理政策を勧め，低失業率を経済政策の目標に掲げていました。

　しかし，この政策は長期的には忍び寄るインフレを引き起こす恐れがあると批判されていました。

学生 何ですか，その「忍び寄るインフレ」とは？

教授 忍び寄るインフレとは，インフレ率はマイルドだが，持続していくとまさかの事態を引き起こすというような程度のインフレと思えばいいですね。

学生 「まさかの事態」というのが過去にあったのですか。

教授 ケインズの総需要管理政策は，油の入った鍋を温めるヒーターのようなものなのです。

　しばらく温めておくと，油も煮たってきます。そこに何らかの原因で火が入ると燃え上がります。

学生 私のために，てんぷら鍋まで持ち出して説明してくれて感謝しています。

　分かりました。ケインズ政策によっててんぷら鍋を温めていたために，1973年の石油ショックが油鍋に火を注ぎ，ハイパーインフレが起きたということなのですよね。

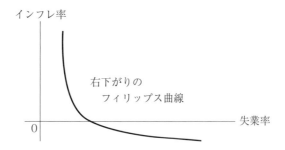

教授 ケインズの総需要管理政策の範囲で言えば，物価重視の政策を選択すれば，失業率の上昇は覚悟しなければなりません。また，雇用重視の政策をとれば，物価の上昇は覚悟することになります。

学生 すると，ケインズ政策は，インフレか失業かの二者択一の政策というこ

とですね。

教授　話が若干それますが，例えば，アメリカは2大政党政治ですよね。

学生　共和党と民主党ですか。

教授　そうです。雇用重視の政策は労働者主体の政策ですから，民主党政権であれば失業率の低下に向けた経済政策が基本的に採用されます。一方で，共和党はインフレ対策に経済政策の軸足をおきます。つまり，共和党の政策は物価重視の経済政策になるのです。

§5　石油危機とインフレ

　政治と経済は密接に関連しています。世界を震撼させたオイルショックを考えながら，政治と経済の関りを調べてみましょう。

学生　インフレ対策を基本にする政党が共和党ですか。なぜインフレに主眼を置くのですか。

教授　インフレ率が高くなりすぎると，富裕層が保有する金融資産の価値は目減りします。

　また，デフレになりますと，土地やマンションなどの価値が下がります。そのため，共和党が政権をとると物価重視の経済政策が優先されるのです。

学生　経済は政治ですね。あるいは政治は経済なのですね。

　財政政策などの総需要管理政策は，失業率を低めるには効果があるが，クリーピング・インフレ[99]を引き起こす可能性がある，そのためフィリップス曲線は右下がりになるということですよね。

---

[99]　クリーピング・インフレとは，好況・不況に関係なく，物価水準が徐々に，しかも持続的に上昇する状態のことをいいます。

ところで，フィリップス曲線が真逆になるということがあるのですか。つまり，右下がりでなく，右上がりになる可能性があるのですか。

教授　まさにあの時，真逆になったのですよ。

学生　あの時とは，いつのことですか。実際に検証されたのですか。

教授　そうですよね。1973年の第一次石油危機，さらに，1978年に第二次石油危機が起きましたが，先進国を含むすべての石油輸入国（非産油国）で，インフレ率が上昇し，さらに失業率も上昇するという前代未聞の非常事態となりました。

その原因は，OPECによって原油の供給が段階的に削減されたことなのです。

1973年10月，原油公示価格が1バーレル3.01ドルから5.12ドルに引き上げられたのです。翌年1月には，11.65ドルまで引き上げられました。原油価格は，あっという間に12ドル前後に跳ね上がりました。たとえば，身近なことで言えば，

・消える都会のネオン（省エネ）。

・ガソリン価格が急騰（エネルギー価格の上昇）。

・通勤手段を車から電車・バスなどの公共交通手段に振替（モーダルシフト）。

・トイレットペーパーや洗剤を買い求める長蛇の列（物不足）。

学生　先生が直接経験されたことなのですか。

教授　そうです。原油価格の暴騰によって発生したインフレは，輸入インフレといいます。また，ガソリンを始め，ほとんどの工業製品の原材料には石油が使われていますので，生産コストが上昇したことから，コスト・プッシュ・インフレとも呼ばれています。消費者物価指数は前年比26.2％上昇して狂乱物価といわれ，日本経済はパニック状態に陥りました。

学生　そうすると，フィリップス曲線はどうなったのですか。

教授　1970年代のインフレ率と失業率の組み合わせをグラフ上に描いてみたところ，なんとフィリップス曲線が右上がりになっていることが分かったのです。

　つまり，原油価格の暴騰がインフレ率と失業率をともに引き上げたということです。これには，世界中が驚き，慌てた。

学生　「驚き，慌てた」だけですか。

教授　人間は，賢いが，判断ミスもあります。

　1975年11月15日に先進5か国の首脳がフランスのランブイエ城に集まり3日間にわたって議論を重ねたのです。

　5か国とは，日本，アメリカ，イギリス，フランスと西ドイツです。この会議が，第1回先進国首脳会議（サミット）です。

学生　各国で経済危機が迫るなか，グローバルなミーティングを開くということは賢いですよね。

　また，判断ミスがあったと先生が言われたことが引っかかりましたが？

教授　それはですね。各国の判断では，金利が上昇している，というのが共通の認識でした。

　そこで，「金利が上昇しているなら，金融緩和政策をとればいい。」

　これで，話がまとまった。各国の首脳はその対策を持ち帰って，実行に移したのですよ。

学生　それでいいのではないのですか。めでたし，めでたしでしょう。

教授　各国は金融緩和政策を実行したが，それは油に火を注ぐ結果となった。つまり，さらにインフレが加速する事態となったのです。

学生　金利の上昇に歯止めはかかったのですか。

教授 そこなのですよ。日頃，見たり，聞いたりする金利は，名目金利といいます。国債の金利や銀行の貸出金利などが名目金利です。

学生 名目金利に関わるツールがあるのですか。

教授 フィッシャー式と呼ばれるものがあります。

　　　　名目金利＝実質金利＋予想インフレ率

この式によれば，予想インフレ率が高まると，名目金利が上がります。
オイルショックによって急騰したのは名目金利です。
「金利を下げるべき」と各国は金融緩和政策を実施したのです。

学生 一段の金融緩和で予想インフレ率が上がり，フィッシャー式から分かるように金利（名目金利）が上昇したということですか。

教授 金利が高いから，金融緩和？

この時，金利とは名目金利か，実質金利かの線引きが必要であったのですね。

学生 こういうことですか。

　　　　金融緩和→予想インフレ率の上昇→名目金利の上昇

となってしまうから，

　　　　金融引き締め→予想インフレ率の下落→名目金利の下落

ということですね。つまり，実質金利と名目金利の区別が大切だというわけですね。

§6　レーガノミクス

　1980年代のアメリカの大統領ロナルド・レーガン[100]が行った経済政策のことを学習します。レーガンの経済政策だから，レーガノミクスといわれています。

　この時代は，失業とインフレの併存状態，つまりスタグフレーションの時代です。

学生　スタグフレーションとは，変わった言葉ですよね。少なくとも英語ではない感じがします。

教授　スタグフレーションは，スタグネーションとインフレーションを重ねた造語です。スタグネーションは不況，インフレーションは物価高ですから，スタグフレーションは不況下の物価高という意味です。

学生　あれじゃないですか。右上がりのフィリップス曲線ですね。

教授　そうです。経済状態が最悪な時に，大国アメリカの舵取りをまかされたのがレーガン大統領であったのです。

　そこで，レーガンは目標を絞りました。フィリップス曲線を滑り降りろ！

学生　まさかアメリカの大統領がそんな下品なことは言わないでしょう。

教授　とにかく，失業とインフレを同時に解決する，そこにポイントをおこう。これなら，ちょっと上品かな。

学生　失業とインフレを同時に解決することは，確かにフィリップス曲線を降りることですね。

---

[100]　レーガノミクスとは，第40代アメリカ大統領が行った経済政策のことです。インフレを抑制すること，減税によって生産性を高めること，さらに軍事費を拡大して強いアメリカを再生することがレーガノミクスの柱になっていました。

教授 そこですよ。失業を減らすには，生産を増やすことです。

　　→そこで，労働意欲を高めるために減税をします。

　　→雇用の増加により，所得が増加し貯蓄が増加します。

　　→貯蓄が増えると，投資が増加します。

　　→投資の増加は，経済成長を促進します。

　そのための，経済政策としては，社会保障の拡大，減税政策，規制緩和などです。

学生 これって，ケインズ政策とどこか違いますよね。

教授 ケインズは需要サイドから経済政策を考えましたが，レーガンは供給サイドから経済政策を検討したのです。

　そのため，レーガノミクスは，サプライサイドの経済学がもとになっています。

学生 サプライは供給ですからわかりますが，「サイド」はどういう意味ですか。

教授 サイド（*side*）は「重きを置くこと，重視」の意味です。ですから，サプライサイドは「供給重視」ということですね。

　ケインズ理論が「需要重視」であったのとは，真逆のことになります。

学生 ということは，インフレ率と失業率を低下させるには，供給（生産）をいかに増やすか，これがポイントということですね。

教授 そうです。

　生産を増やすには雇用を増やします。

　　→雇用が増えるということは，失業率は下がることです。

　　→供給量が増えます。

　　→物価が下がります。

　→インフレ率が下がります。

　もう一方で，レーガンは強いアメリカを造ることを目標にしていました。
　そのため，ドル高政策や軍事費の増大を推し進めたわけです。
ところがですね？

学生　何か不都合なことが起きましたか。
教授　ドル高政策で，輸出が減少し経常収支の赤字が拡大します。また，軍事
費の増大は財政赤字を拡大させました。これが，いわゆる双子の赤字です。

学生　レーガノミクスでは，減税が目玉であったようですが，減税すれば財政
赤字は増えてしまうのではないですか。
教授　南カルフォルニア大学のアラバ・ラッファー教授は，「減税は税収増に
つながる」と新説を発表しました。
　ちなみに，ラッファー教授はトランプ大統領の経済顧問でもあります。そし
て，トランプ政権の減税政策の旗振り役になっています。

学生　課税政策は，経済政策の最重要政策ですよね。ラッファー教授から，わ
れわれは何を学べるのですか。
教授　ラッファー教授は，政府高官とランチを食べながら，財政赤字解消の議
論をしていた時，テーブルの上に置かれていたナプキンに一本の曲線を引き，
このように話しかけたそうです。

　「税率が高すぎるから，税収が伸びないのだ。税率が高すぎて労働者は，勤
労意欲を失っている。だから，むしろ税率を下げれば労働意欲が向上し，人々
の所得は増加する。その結果，税収も増加する。」

この関係を描いた曲線が上に凸型のラッファー曲線です。また，テーブルの上にあったナプキンにその曲線を描いたことから，ナプキンカーブとも呼ばれています。

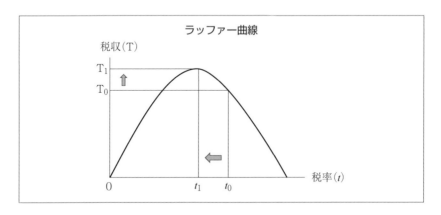

学生　確かに所得税などの直接税率が高いと労働意欲がなくなります。それで各国は間接税である消費税をかなり高い水準に引き上げて税収の確保を行っているわけですね。

§7　トマ・ピケティは，何を発信しようとしたのか

　ピケティ『21世紀の資本』（2013）が話題になったことがあります。一言でいうと，『21世紀の資本』は何を伝えたかったのでしょうか。

学生　全く予備知識がないので，ピケティ先生の紹介からお願いできればありがたいのですが。

教授　トマ・ピケティ（*Thomas Piketty*）はフランスの経済学者で，パリ経済学院の教授です。

22歳で博士論文を仕上げ，アメリカの*MIT*の助教授となります。しかし，アメリカ流の単純化された数式モデルが経済学研究のベースになっていることに

反発し，3年後に帰国してしまいます。

学生　『21世紀の資本』のポイントは何ですか。

教授　ピケティのポイントは，

　　　　資本収益率（r）＞経済成長率（g）

が経済格差を生み出す原因だということです。

　企業が得た収益は，資本を提供した者（株や債券を買ってくれた人，資本家，すなわち主に金持ち）と労働を提供した者（労働者）に配分されます。資本家への配分を分子，資本家の投資元本額を分母とした比率を資本収益率といいます。

　この式は，資本の収益率が国民所得の成長率より高くなるということですから，資本家への分配率が高くなり，労働者への分配率が低くなっているということです。

　所得格差が拡大した原因はここにあります。これがピケティの結論です。

学生　マルクスの『資本論』でも，資本主義の歴史的傾向として労働者は窮乏化するのは必然であると論じています。しかし論証はできていなかったのですよね。

教授　ピケティも歴史的傾向としての労働者の窮乏化の必然性については論証できていません。

学生　先生が教えているスタンダードの経済学では，資本と労働の収益率は等しくなりますよね。それだと，格差はなくなりますか。

教授　一般の経済学からいえば，収穫逓減（ていげん）の法則[101]から，資本蓄

---

[101]　収穫逓減（ていげん）の法則とは，生産要素である労働や資本を使って生産する場合，生産要素の使用量が増加すると収穫量は増加するが，収穫量の増加分が徐々に少なくなるということです。

積が増えると資本収益率は下がるからです⁽¹⁰²⁾。

　つまり，資本主義が発展すると，富は多くの人たちに分配されて，所得分配は平等になります。つまり，資本の生産性が労働の生産性より高ければ，投資が増え，資本収益率が下がります。その結果，資本の生産性は労働生産性に近づいていきます。

学生　資本主義の発展段階では不平等が拡大するが，やがては不平等は自然に解消するということですか。

教授　そうです。工業化が進むと極端な高所得者も低所得者も減って中流の人々が増えるということです。

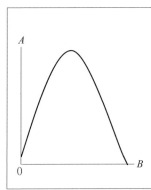

クズネッツ曲線

1　縦軸*A*は，ジニ係数を表します。上に上がるほど格差が拡大します。
2　横軸*B*は，一人当たりの*GDP*です。右に行くほど所得が高くなります。
3　所得が増えるにつれて，所得格差が拡大しますが，累進課税制度の導入などによって格差を縮小させる政策がとられるようになり，格差が解消されていきます。

学生　見たことがある鐘形の放物線ですね。

教授　横軸に一人当たりの*GDP*がとってあります。縦軸は，所得格差を表すジニ係数が目盛ってあります。この曲線をクズネッツ曲線と呼んでいます。

学生　ジニ係数とは何ですか。

⁽¹⁰²⁾　最近のIT革命が進むと，一度完成したデータやアプリは，クリック１つでコピーが可能であり，コピーすればするほど平均固定費が低くなっていってコストが下がるので，収穫逓増ではないかと主張するニューエコノミー説があります。

教授　所得格差を表す数値で，０〜１の範囲にあります。その数値が大きいと所得格差が大きく，小さければ小さいほど所得格差が小さいということです。だから，縦軸は上に行くほど格差が拡大していることを意味しています。

学生　それで分かりました。一人当たりの所得が増加していくと，所得格差が拡大するために，最初の段階は右上がりになっているのですね。

　しかし，一人当たりの所得が更に増加していくと，格差が小さくなっていくのは，なぜですか。

教授　格差が拡大するということの意味を考えてください。

　格差の拡大とは富裕層と貧困層が２分化するということですよね。

　そうすると，政府としては，貧困層を救済すべきとの世論を受け入れるようになります。貧困層に手厚い社会保障の手を差し延べたり，最低賃金を引き上げたり，所得補償を行ったり，さらには所得減税を行うなどの社会政策を実行に移すことになるでしょう。

学生　だからか，そうした政府による社会保障政策などによって所得格差が縮小し，クズネッツ曲線は右下がりになるのか。

　ところが，ピケティはこうした楽観論を退けたのですね。

教授　ピケティは，資本主義の法則が，

$$a（資本分配率）＝r（資本収益率）×\beta（資本／所得比率）$$

によって説明できるとしました。ピケティは，この式を資本主義の第一法則と呼んでいます。

　a は資本分配率で，資本収益を国民所得で割った値です。また，β は資本／所得の比率です。β が同じでも $r>g$（経済成長率）であると，資本収益の上昇率が賃金の上昇率を上回ります。さらに，β が資本蓄積に伴って高まると，資本分配率 a は大きくなり，資本家の所得と労働者の所得との格差が拡大します。

学生 これって，人とロボットの代替の問題ですか。

教授 そうですね。人をロボットに代替する，つまり人の使用を減らし，その替わりにロボットを増やして生産をする。この方法は資本集約的生産と呼ばれています。AI（人工知能）が人に変わる分野が広がりますと，資本の収益率 r は高まるでしょう。

それゆえに，AIは資本の生産性を高めるだけでなく，労働者の雇用の機会を奪うことから，格差の拡大をもたらすかもしれませんね。

学生 資本主義の第一の基本法則があれば，第二の基本法則もあるのですか。

教授 そうですね。ピケティの資本主義の第二の基本法則は，

β（資本／所得比率）= s（貯蓄率）÷ g（経済成長率）

です。

これまで富裕層の資本は，土地でしたが，それに加えて金融資産や不動産による資本の蓄積が進んでいます。これらが貯蓄率を高めていますから，資本／所得比率は高くなっているのです。さらに，成長率が低くなっていることが先進国の趨勢です。

学生 先生の説明でわからないところを質問していきます。

まず，資本／所得比率を丁寧に説明してください。

教授 資本とは不動産や金融資産のように蓄積されたものです（これをストックといいます）。

所得とは国民所得です（これはフローといいます）。

たとえば，金融資産が1,500兆円，国民所得が500兆円なら，1500／500 = 3 が資本／所得比率です。

学生 資本／所得比率については分かりました。先ほどの例では，資本と国民所得の比率が3ということは，国民所得の3年分に当たる資本が蓄積されてい

るということですね。

　それから，成長率gについてですが，成長率が低いほど，資本／所得比率が大きくなる，これはどう考えればいいのですか。

教授　先進国の成長率は人口の減少によって下がっています。そのため，資本／所得比率が上がり，格差が広がっているのです。この拡大しつつある格差を縮小させる方法はないですかね。

学生　たくさんあるでしょう。

　教育に力を入れることですね。そのためには，奨学金を増やす，就職を支援する，などがありますか。

教授　若者が熱心に学べる環境を整備し，グローバルに活躍できる教育を各国に広げていくことは何よりも必要です。ピケティは累進課税や相続税などの租税制度に加え，累進資本税の導入を熱く語っています。

§8　アベノミクス

　アベノミクスを考えてみます。安倍晋三首相の経済政策がアベノミクスと呼ばれていますが，中身について考えてみましょう。

教授　アベノミクスには，第一段階（2013年〜2015年）と第二段階（2015年9月以降）があります。

第一段階の３本の矢

　第１の矢……大胆な金融政策（量的・質的金融緩和政策の実施で２％のインフレ
　　　　　　　目標の達成）を継続します。

　第２の矢……機動的な財政政策を実施します。

　第３の矢……民間投資を喚起し，日本経済を成長軌道に導きます。

第二段階の３本の矢

第１の矢……「希望を生み出す強い経済」（GDPを600兆円に引き上げます）

第一段階の金融・財政と成長の３本の矢はすべてここに含まれます。

第２の矢……「夢を紡ぐ子育て支援」

政府の支援を拡大し，現在の出生率1.4を1.8に引き上げます。

第３の矢……「安心につながる社会保障」

雇用を拡大し，地方創生を進めることによって，家族などの介護のために職を離れる介護離職をゼロにします。

学生　第一ステージの３本の矢がうまく目標に届かなかったので，次の段階を考えたということですか。

教授　第一段階の最大の問題は，なぜ毎年２％も物価が上昇しなければならないのか，国民の多くは疑問に思ってきたようです。多くの国民は２％のインフレ目標に反対しているようです。

学生　物価が上がることに国民はなぜ不満なのですか。

教授　われわれ生活者にとっては，給与が上がって物価が上がるなら納得はできます。

しかし，給与が上がらないのに物価が上がればどうなるのですか。

学生　そりゃあ，大変ですよ。

教授　年金生活者を考えてみれば，物価上昇分だけ年金は目減りします。

さらに，食品などの生活必需品が消費支出に占める割合が高い中低所得層は，物価上昇が重くのしかかります。

学生　なるほど，そうか。消費者にとっては，インフレ目標などというのはと

んでもないことなのですね。企業の立場で見るとどうですか。

教授　いうまでもないことであるが，物価が上昇することは，商品の価格が上がることですから，企業の収入を増やすインセンティブになります。

　会社に勤めているお父さんは，それなりの恩恵があるでしょうが，家計をやりくりしているお母さんの目は吊り上がるでしょうね。

学生　そういう図式か。アベノミクスの正体が分かったぞ。

教授　何が分かったのかね。

学生　経済政策は，世の中を公平・平等にすることが基本じゃないですか。

　どう見ても，弱者切り捨ての感は否めないですよね。

　われわれは「冷静な頭脳と温かい心」をもって，もっと勉強しなければならないですね。

教授　君は素晴らしいよ。「冷静な頭脳と温かい心」，こんな言葉がポンと出てくる学生にお目にかかったことはないね。この言葉は，イギリスのケンブリッジ大学のアルフレッド・マーシャル教授が経済学を学ぶ学生の心構えについて，入学式で披露したものらしいよ。

学生　先生が気付いていないはずがないと思いますが，第2段階のそれぞれの頭に付けた形容語ですよ。

教授　そうだな，これだと政策だけを掲げて，実行しなくも，何もしなくとも国民を煙に巻くことができるね。

§9　マイナス金利政策の意図は何か

　お金の借り手が貸し手に払う料金が金利です。ところが，マイナス金利とは貸し手がこの料金を払うということですから，どうなっているのだという感じ

でしょう。

学生　すべての金利がマイナスになったのですか。

教授　そんな政策を採ったら，政府も日銀の袋叩きになります。

　銀行は，日銀に当座預金を持っています。銀行が日銀の当座預金に預けた一部は，0.1％のマイナス金利としました。2016年2月16日のことです。

学生　日銀の意図が掴めませんね。そんなことが許されるのですか。

教授　日銀には日銀の立場があるのです。

　日銀の考えは，次のような考えだと思います。

　　　→日銀当座預金の金利がマイナスならば，銀行は当座預金口座から資金を
　　　　引き出します。

　　　→その資金を個人や企業への融資資金として回します。

　　　→コールレートが下がります。

　　　→コールレートが下がれば，長期金利も下がります。

　　　→長期金利が下がれば，円安にもなります。

　　　→円安になれば，輸出が増えます。

学生　なるほどね。マイナス金利政策は超金融緩和策で内需拡大，円安誘導で外需拡大だったのですか。

教授　マイナス金利を導入する前と後を比較してみよう。

　・マイナス金利を導入する前は，
　　日銀の日銀当座預金金利は0.1％，銀行の普通預金金利は0.002％
　　でした。

　・マイナス金利を導入した後は，
　　日銀の日銀当座預金金利は－0.1％，銀行の普通預金金利は0.001％
　　になりました。

学生　もう一度，日銀のマイナス金利政策の狙いを分かりやすく説明してください。

教授　銀行が日銀に設けた当座預金（日銀当座預金といいます）の一部は，マイナス金利としました。

　そうすると，日銀当座預金の一部はマイナス金利となりましたので，

　　　→銀行は，当座預金から資金を引き出します。

　　　→銀行には，資金が増えます。

　　　→銀行は，企業などへの貸し出しを増やします。

　　　→企業は，豊富な資金を手に入れて設備投資を増やします。

　　　→企業は，雇用を増やします。

　　　→企業は，賃金を引き上げます。

　　　→研究開発などにも資金を回します。

　このことから，景気は上向きに転じます。

学生　素晴らしいシナリオですね。

　しかし，金利を下げようが，潤沢に資金を供給しようが，資金需要がなければ，マクロ経済を動かすことは出ないのではないのですか。

教授　そこだよね。水分が十分に摂れている人に，「水を飲め，タダだから飲め」，と催促されてもいい迷惑です。

　金融政策もカネの側面だけでなく，ヒト，モノの側面からも総合的に検討する時代になっているのではないでしょうか。

§ 10　紙幣刷新で経済は活性化するか

　2024年度から，紙幣の図柄が変わるというニュースが流れましたが，新しいお札に変えて経済効果が期待できるのでしょうか。

教授　１万円札の肖像人物は福沢諭吉から渋沢栄一に，５千円札は樋口一葉から津田梅子に，千円札は野口英世から北里柴三郎に変わることになっています。これらのお札の肖像に採用された人たちは，近代日本を経済，教育，そして医学の面から支え，日本を発展させた世界に誇れる方々です。

　特に，渋沢栄一は50の銀行，500の会社，さらに600の社会事業を立ち上げ，それらを後世に残した偉大な企業家です。渋沢なくして現代の経済大国・日本は存在しえないといっても過言ではないのです。

学生　先生は，埼玉県の深谷市に住まわれているのですよね。渋沢栄一は深谷市が生誕の地と聞いています。それで，地元の偉人であるから説明に力が入っているのですね。

教授　渋沢の著書に『論語と算盤』があります。論語は道徳，算盤はビジネスです。

　だが，ビジネスはビジネスだけでは立ち行かない。ビジネスに必要なのは他人への思いやりです。他人への思いやりができてこそビジネスが成り立つということです。

学生　ところで，新札の発行による経済効果はどうなったのですか。

教授　そうだな，その話に戻ろう。

　銀行の*ATM*，コンビニの*ATM*，駅の自動切符販売機，スーパーの自動支払機，さらにペットボトルの自動販売機など，どれも新札に対応させなければならないので，さまざまな分野でのまさに特需が発生します。

学生　そうした景気刺激効果のほかには，新札がもたらす影響は何かありますか。

教授　新札が出回る前に，古いお札を使ってしまおうという動きが起こります。古いお札はタンスの片隅に眠っていますが，半端な額ではないのです。

学生　どれぐらいタンスの奥にしまわれているのですか。

教授　おそらく50兆円ぐらいではないかと推測されています。流通している現金は100兆円ぐらいですから，その半分がタンス預金[103]といえます。

　バブルの崩壊で金融危機が起こり，人々は銀行から預金を引き揚げ，タンス預金を増やしました。また，低金利が続いているために，雀の涙しかない利息を期待するよりも自分で現金を保管・管理する方がリスクは少ないとの判断から，さらにタンス預金は右肩上がりに増加する傾向にあります。

学生　一世帯当たりどのくらいのタンス預金があると推定できるのですか。

教授　日本の総世帯数はおよそ5,800万世帯（2018）です。50兆円を世帯数で割りますと，1世帯85万円ぐらいのタンス預金があると思われますね。

学生　それで，新札が発行されると，どうなりますか。

教授　旧札が使えない販売機などが増えますから，早めに旧札を使い切る内需が増加するでしょう。そのため，旧札のタンス預金は徐々に減っていくでしょう。

---

[103]　タンス預金とは，家庭の中にある現金のことです。

Column 3　ミルトン・フリードマン

教授　マネタリストという言葉を耳にしたことがありますか。
学生　ケインジアンやポストケインジアンなどは，授業中，耳にたこができるくらい聞いています。

教授　まあいいですよ。アメリカのシカゴ大学のフリードマンが「*Money matters*」（貨幣こそ重要である）という立場からケインジアンに挑戦し，その影響を受けた研究者軍団がマネタリストなのです。
学生　ケインズの経済学とフリードマンの経済学の違いを教えてください。

教授　ケインズ経済学では，資本主義経済が直面する失業問題を解決するために財政政策が経済政策の大きな柱になっています。
　しかし，マネタリストからは，ケインズ的な財政政策は，政府の介入を増大させる，そのことが市場メカニズムを崩壊させる，また失業問題が仮に解決できたとしてもインフレを加速化させる，とケインズ政策を批判しています。

学生　フリードマンは，ケインズ的政策に真っ向から反対したわけですね。
教授　フリードマンは，マネーストック（貨幣供給量）を一定に保つことを経済政策の中心に据えて，貨幣の役割を重視した新貨幣数量説の理論を打ち立てています。
　マネーストックの変動は，長期的には物価に影響するが，実物経済には影響しないとしています（このことを貨幣の中立性といいます）。

学生　こういうことですか。ケインズは財政政策，フリードマンは金融政策が最も有効な経済政策と主張しているのですね。
　また，フリードマンは政府の市場への介入を完全に否定したわけですか。
教授　そんなことはありません。市場の失敗（独占や環境問題）を是正するためには，政府の市場介入が必要であるとしています。

第*8*章　総需要と総供給

学生　そんな素晴らしいツールがあるのですか。もっと早く教えてもらいたかったです。

教授　これまでのことがあって，これからのことがあるのです。総需要と総供給の理論も$IS-LM$分析と同様にマクロ分析に不可欠な理論です。

学生　理論が発展するにつれて，理論はシンプルになる感じがしています。これからの先生の説明を楽しみにしています。

§1　総需要曲線はどのようにして描けるのか

　経済で「実質」という場合は，物価水準で割った値のことです。マネーストックを物価水準で割りますと，実質マネーストックとなります。

　よって，物価が下がりますと，マネーストックが増加したと考えることがで

きます。もちろん物価が上昇しますと，マネーストックが減少したことと同じことになります。

学生 先生が，実質を強調しているのは，物価が新しい変数になるということですね。

教授 そうです。総需要曲線は物価と実質所得の関係を表します。

物価が下がると，

→実質マネーストックが増加します。

→実質マネーストックが増加すると，金利が下がります。

→金利が下がると，投資が増えます。

→投資の増加に伴って，総需要が増えます。

→総需要の増加に伴って，実質所得（*GDP*）が増えます。

よって，物価が下がると，実質所得が増えます。

そこで，物価を縦軸，実質所得を横軸に測ると，物価が下がると実質所得が増えるから，右下がりの曲線が描けます。この曲線を総需要曲線（*AD*曲線）と呼びます。

学生 この発想ってすごいですよね。

要するに，*IS*曲線と*LM*曲線を結合して，1本の総需要曲線に作り替えたわけですよね。

総供給曲線についてもできるだけやさしくお願いします。

§ 2　総供給曲線は右上がりの曲線である

教授 では，総供給曲線について説明します。

所得が増えますと，

→企業は雇用を増加させます。

　→雇用を増加させるということは，労働者を増やすということです。

　→労働者には賃金を払わなければならないから，労働コスト（生産費）が増加します。

　→生産費の増加は物価の上昇をもたらします。

　つまり，所得が増えると物価が上昇するということになります。このようにして描かれる右上がりの曲線を総供給曲線（AS曲線）と呼びます。

学生　先生が2つの曲線を丁寧に，しかも分かりやすく説明している途中で分かったことがあります。

　総需要曲線は，モノとカネの関係から導かれる曲線ということですね。

　また，総供給曲線は，ヒトとモノの関係から導かれる曲線ということでいいのですか。

教授　ずばり当たりです。これで，ヒト，モノ，カネの関係からなるマクロ経済の体系が完成したわけです。

§3　なぜフィリップス曲線が右下がりだったのか

　総需要曲線と総供給曲線が理解できますと，これまでのマクロの学習の意味がはっきり分かるようになります。そこで，まずフィリップス曲線はどのようにして導かれたのか考えてみましょう。

教授　財政支出を増加させると，

　→AD曲線は，AD'曲線のように右方シフト（移動）します。

　→所得が増加します（オーカンの法則から，所得が増えるということは失業率が低下することです）。

　→物価が上昇します（物価が上昇するということは，インフレ率が高くなるということです）。

175

よって，均衡点はa点からb点に移動します。

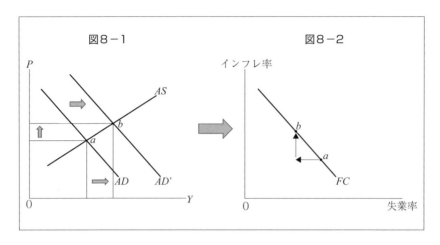

図8－1　　　　　　　　　　　図8－2

図8－2は，縦軸にインフレ率，横軸に失業率を測っています。その図にa点を書き込んでみます。

a点から左に移動することは，失業率が下がることです。

失業率が下がるとインフレ率が高くなりますから，矢印のようにb点に移動します。

よって，均衡点はa点からb点の位置に移動するのです。b点とa点を結んだ曲線がフィリップス曲線（FC）です。

学生　これが，右下がりのフィリップス曲線ですね。

失業率を下げるために総需要を拡大させる政策を採ると，インフレ率が上昇しますね。これで，右下がりのフィリップス曲線の意味が分かりました。ケインズ理論の要はこれですね。

§4　恐怖の大恐慌とは

マクロ経済のマグマは大恐慌です。AD・AS曲線を使って大恐慌を説明する

とどうなるでしょうか。

教授　一緒に考えてみましょう。

　株価が大暴落すると，

　　→個人や企業の資産が減少します（負の資産効果といいます）。

　　→消費や投資が減少します。

　　→総需要が減少します。

　　→所得が減少して，失業率が上昇します。

　　→物価が下落して，デフレの悪循環[104]が発生します。

　つまり，株価の暴落が総需要の減少をもたらし，所得を減少させ，物価を下落させるのです。

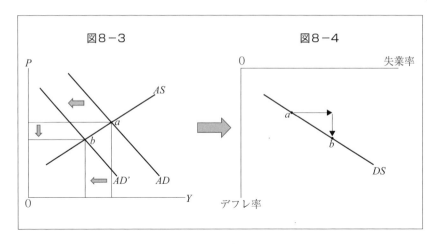

学生　図8－3で，総需要が減少して，均衡点がa点からb点に移っています。所得は減少していますから，失業率が上昇し，物価は下がっていますので，デフレ率が上昇しているということですよね。そうすると，失業率とデフレ率の関係は図8－4のようになりますか。

⑽　デフレの悪循環とは，物価の下落，企業収益の低下，失業率の上昇，さらに需要の減少へと，デフレが雪だるま式に加速化する現象のことです。

教授 デフレスパイラル曲線ともいえる曲線（*DS*）が導かれましたね。

　ここからも，ケインズが不況から抜け出すには，有効需要の増加以外はないとの考えもよく分かります。つまり，有効需要の原理は*AD*曲線を右方に押し戻すことができる唯一の策だったのです。

§5　資源の制約に阻まれたら

　オイルショックの時に，日本だけでなく非産油国は悲惨な状態に追い込まれたようですが，そのときの状況を*AD*・*AS*曲線で分析できます。

教授 総じて言いますと，コスト・プッシュ・インフレが発生したということです。

　原油価格が上昇すると，

　　→生産コストが上昇します（*AS*曲線は左方にシフトします）。

　　→所得が減少します（失業率は上昇します）。

　　→物価が上昇します（インフレ率は上昇します）。

　これらの状況を想定して，*AD*・*AS*曲線を描きますと，図8－5になります。

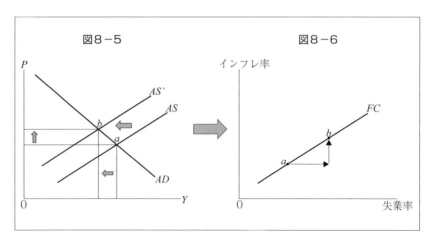

原油価格の上昇から，生産コストが上昇してAS曲線は左方にシフトしますから，均衡点はa点からb点に移動します。そうすると，所得が減少し，失業率は上昇します。さらに，物価が上昇しますから，インフレ率は上昇します。

学生　この状態ってスタグフレーションではないですか。まさに不況下の物価高ですね。

教授　そこで，スタグフレーションのケースを図8－6で表してみましょう。

これが右上がりのフィリップス曲線です。資源制約に阻まれて生産費が上昇し，生産量が削減されたことから，非自発的失業者が増加しました。また，生産費の価格上昇分が，製品価格に上乗せされて一層の物価上昇をもたらしたといえます。

§6　イノベーションが経済を救う

シュンペーター[105]は，新たな生産方法の導入，新たな市場の開拓，新たな原料の獲得，新たな資源の開発，新たな経営組織の形成がイノベーションであるといっています。

教授　経済を成長，発展させる原動力は，イノベーション[106]であるといわれていますが，それはなぜですか。

学生　要するに，イノベーションによって生産コストの引き下げと経営の効率化から，製品価格の引き下げと販売数量の増加を期待することができるということでしょう。この解答は正解ですか。

---

(105)　ヨーゼフ・シュンペーター（1883-1950）は『経済発展の理論』（1912）で，経済
　　発展の原動力は技術革新（イノベーション）であることを明らかにします。

(106)　清水洋は，イノベーションを「経済的価値を生み出す新しいモノゴト」と定義して
　　います。経済的価値を上げるには，便益を増やす（需要曲線を上方にシフトさせる）
　　か，生産性を上げる（供給曲線を押し下げる）ことであるとしています。

教授 まあ，いいですね。そこで，イノベーション効果を$AS／AD$曲線で表してみますと，図8－7のようになります。

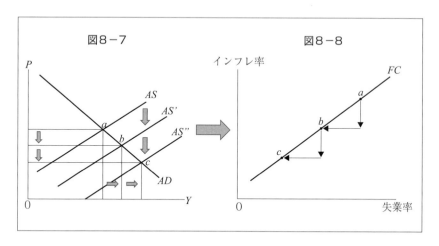

図8－7   図8－8

イノベーションによって総供給が増加し（$AS→AS'$），均衡点は図8－7のa点からb点に移ります。所得の増加から失業率が下がり，物価は下落します。これがよく言われる「よいデフレ」なのです。

学生 図から，失業率とデフレ率の関係を見ると，どうなっていますか。
教授 イノベーションによって，失業率が下がり，物価が下がる様子が見えてきます。

ここで，注目しておくことは，持続的なイノベーション（$AS'→AS''$）はより一層の失業率の低下と物価の下落をもたらすことが可能になるということです。
しかし，供給サイドのイノベーションをサポートするのは，需要サイドであるということです。需要増による所得増加（失業率の低下）は，供給増による物価の下落とのバランスから，経済の成長と発展が望めるのです。

　これまでのマクロモデルの枠組みは国内経済の範囲に限定したものでした。

　ここで，マクロモデルを開放経済に拡大してみましょう。開放経済にするための変数は為替相場です。

　開放マクロモデル（マンデルモデル）[107]で，財政政策と金融政策ではどちらの政策が有効かを考えることにしましょう。

学生　開放マクロモデルとは，どういった状態を想定するのですか。

教授　ここでは，開放経済を想定します

　開放経済というのは，資本の移動が自由，すなわち，だれでも自由に外貨を売買できる状況です。かつては日本でも，アメリカ等に旅行に行くときに，米ドルに換えられる上限金額が制限されていました。今では，FX取引のように，自由に外貨を売買できます。なお，今でも中国では上限金額が決められています。

─────────────────────────

[107]　マンデルモデルとは，IS・LM分析と為替市場を組み合わせた開放マクロ経済モデルのことです。

アメリカの金利が日本より高ければ，日本の資金はアメリカに移動するでしょう[108]。それが，資本移動が自由ということです。

学生　為替の制度は，どうなりますか。

教授　外貨取引が自由であることから，当然，変動相場制です。

学生　開放経済で変動相場制を採用する国の財政政策の効果はどうなりますか。

教授　政府が公共事業等の財政政策を実施したとします。

　　→*GDP*は増加します。

　　→金利が上がります。

　　→金利が上がるために，円高になります。

　　→円高になると輸出が減少し，輸入は増加します。

　　→円高から外需が減少します。

　　→外需の減少が公共事業による内需の増加を相殺してしまうことになります。

よって，資本移動が自由である開放経済で変動相場制を採用している国では，財政政策の効果は期待できないことが分かります。

学生　同じ条件の下で金融緩和政策を実施した場合は，どうなりますか。

教授　資本移動が自由な経済において，買いオペを行なったとします。

買いオペが行われると，

　　→金利が下がります。投資が増え*GDP*は増加します。

　　→金利が下がることから，資金は海外に流出します。

　　→円安になります。

---

[108]　金利はお金の価値ですから，人々は金利の高い国の通貨を購入します。そうすると，金利の高い国の通貨は高くなります。アメリカの金利が日本より高ければ，ドル高・円安になります。この考え方を金利平価説といいます。

　　　→円安になると輸出が増加します。輸入は減少します。

　　　→外需が増加します。

　　　→外需の増加が*GDP*を更に引き上げます。

　つまり，資本移動が自由である開放経済で変動相場制を採用している国では，金融政策の効果が期待できることが分かります。

学生　だからか，先生は暇さえあれば，金利だ，為替だとこれまで口うるさく言ってくれたのですね。親心がやっとわかりました。マクロ経済学の最終目標はここにあったのですね。

教授　それはそうとして，これまでわれわれが議論してきた流れはどうなっていると思っていますか。

学生　縦糸がマクロ経済学の発展過程，横糸が主要な経済学者の理論ですか。

教授　まあ，そんなところでしょう。

　ケインズの有効需要の理論から所得が決定され，流動性選好理論から金利が決定されます。

　この流れを受けて，ヒックスは*IS*曲線と*LM*曲線を取り出し，そこから金利と所得が同時に決定されることを明らかにします。

　さらに，*IS*・*LM*理論から総需要曲線，労働市場から総供給曲線を導き，物価と実質所得の同時決定に進みます。こうして，ヒックスのバトンはロバート・マンデル教授[109]に受け継がれ，開放経済モデルにこぎつけたのです。

学生　マクロ経済学は，これで完成ですか。

教授　理論の完成というものは，どんな科学でもないと思います。マクロ経済

---

[109]　ロバート・マンデル（*Robert Mundell*）は，コロンビア大学教授で，ノーベル経済学賞を授賞しています。『国際経済の貨幣的分析』（1976）で名声を博します。マンデルはEUの共通通貨ユーロを構想した「ユーロの父」といわれています。

学の分野も更に私たちの生活や企業情報に密着した研究がなされていくでしょう。

参 考 文 献

マンデル『国際経済の貨幣的分析』東洋経済新報社，1976

ブキャナン・ワグナー『赤字財政の政治経済学』文真堂，1979

石橋春男『現代経済学』成文堂，1998

石橋春男他『入門マクロ経済学』税務経理協会，2000

石橋春男『経済学へのアプローチ』成文堂，2002

石橋春男他『マクロ経済と金融』慶應義塾大学出版会，2002

石橋春男他『はじめて学ぶ金融論』慶應義塾大学出版会，2004

小室直樹『経済学をめぐる巨匠たち』ダイヤモンド社，2004

グレゴリー・マンキュー『マンキュー経済学Ⅱ－マクロ編』東洋経済新報社，2005

石橋春男編著『消費経済論』慶應義塾大学出版会，2005

見城悌治『渋沢栄一』日本経済評論社，2008

石橋春男他『マクロ経済学』創成社，2008

ガルブレイス『大暴落1929』日経BP社，2008

石橋春男他『マクロ経済の分析』慶應義塾大学出版会，2010

石橋春男編著『現代経済分析』創成社，2010

翁　邦雄『ポスト・マネタリズムの金融政策』日本経済新聞出版社，2011

石橋春男他『経済学の歴史と思想』創成社，2012

伊藤元重『通貨と為替がわかる特別講義』PHP，2012

トマ・ピケティ『21世紀の資本』みすず書房，2013

石橋春男・橋口宏行監訳『人民元－国際化への挑戦』科学出版社東京，2013

湯本雅士『金融政策入門』岩波新書，2013

翁　邦雄『日本銀行』ちくま新書，2013

石橋春男・橋口宏行・河口雄司『よくわかるマクロ経済学入門』慶應義塾大学出版会，
　2014

石橋春男・橋口宏行・高木信久『よくわかるファイナンス入門』慶應義塾大学出版会，
　2014

岩井克人『経済学の宇宙』日本経済新聞出版社，2015

岩村　充『中央銀行が終わる日』新潮社，2016

加藤　出『マイナス金利』宝島社，2016

岩田一政他『マイナス金利政策』日本経済新聞出版社，2016

佐藤正彦・竹中平蔵『経済ってそういうことだったのか会議』日本経済新聞出版社，
　2016

石橋春男・関谷喜三郎訳『ケインズ』中央経済社，2017

石橋春男・橋口宏行監訳『人民元Ⅱ－進む国際化戦略』科学出版社東京，2017

神田卓也『いちばんやさしい為替の教本』（株）インプレス，2018

ケイト・ラワース『ドーナツ経済学が世界を救う』河出書房新社，2018

フェリックス・マーティン『21世紀の貨幣論』東洋経済新報社，2018

小島寛之『暗号通貨の経済学』講談社，2019

アセモグル・レイブソン・リスト『マクロ経済学』東洋経済新報社，2019

清水洋『野生化するイノベーション』新潮社，2019

宝島社編『渋沢栄一』宝島社，2019

ポール・クルーグマン『未完の資本主義』PHP新書，2019

Ｌ・ランダル・レイ『MMT現代貨幣理論入門』東洋経済新報社，2019

人名索引

事項索引

著者紹介

石橋　春男（いしばし　はるお）

現職　大東文化大学名誉教授

学歴　早稲田大学第一政治経済学部経済学科卒，早稲田大学大学院商学研究科博士課程

職歴　中央学院大学商学部専任講師，大東文化大学経済学部・環境創造学部教授，日本大学商学部教授，松蔭大学経営文化学部教授

〔主な著書〕『経済学へのアプローチ』（成文堂），『現代経済学』（成文堂），『現代経済変動論』（共著，高文堂出版社），『入門マクロ経済学』（共著，税務経理協会），『消費経済理論』（編著，慶應義塾大学出版会），『マクロ経済学』（共著，創成社），『現代経済分析』（共著，慶應義塾大学出版会），『マクロ経済の分析』（共著，慶應義塾大学出版会），他多数。

〔主な翻訳書〕『レオン・ワルラスの経済学』（文化書房博文社），『レオン・ワルラス－段階的発展論者の経済学』（多賀出版），『ワルラスの経済思想』（共訳，慶應義塾大学出版会），『ジェボンズの経済学』（共訳，多賀出版），『ケインズ－最も偉大な経済学者の激動の生涯』（共訳，中央経済社），『マクロ経済学』（監訳，成文堂），他多数。

著者との契約により検印省略

令和2年3月30日　初版第1刷発行	**対話で学ぶ** **経済学「超」入門**
令和4年9月30日　初版第2刷発行	

著　者　石　橋　春　男

発行者　大　坪　克　行

印刷所　光栄印刷株式会社

製本所　牧製本印刷株式会社

発行所　〒161-0033 東京都新宿区下落合2丁目5番13号　株式会社　税務経理協会

振　替　00190-2-187408

ＦＡＸ　(03)3565-3391

電話　(03)3953-3301（編集部）
　　　(03)3953-3325（営業部）

URL　http://www.zeikei.co.jp/

乱丁・落丁の場合は，お取替えいたします。

© 石橋春男　2020　　　　　　　　　Printed in Japan

ISBN978-4-419-06666-6　C3034